Carol Lindquist

Das Bananenkochbuch

TALLY ME BANANA

Carol Lindquist

Das Bananenkochbuch

Tally Me Banana

Fit und gesund
mit 90 Rezepten rund um
die Banane

Mary Hahn

Bildnachweis

Informationsgemeinschaft Bananen, München/Del Monte Titelbild
Niedersächsische Staats- und Unibibliothek Göttingen 8/9
Del Monte 11/12/13, 128
Informationsgemeinschaft Bananen, München 14/15, 24/25, 37, 51, 63, 74/75, 88/89, 100/101, 117
Sammlung Goebel:
George Moran © (The Modern Museum of Bananas) 34/35
Harlekin Geschenke, Michael Berger 72
Langoth & Fallnhauser 72
Papan, Köln 73
Kriki, Berlin 73
Lothar Otto, Leipzig 73
Ronald Slabbers, Niederlande 73
Don Martin, USA 73
„Queen", Plattencover 98
Atelier Herboth + Schüren, Wien 98
Velourkarten zwanziger Jahre 99
Postkarte, USA 99
Bananenpaß, Weckert Wirtschaftswerbung, Böblingen 99
Lustige Bilder, Album ca. 1930 99
Andreas Schlephorst, Gartenzwerg mit Banane, Darmstadt 99

Impressum

© 1993 by Carol Lindquist, St. Martin's Press, New York

© 1994 für die deutschsprachige Ausgabe by Mary Hahn
   in der F.A. Herbig Verlagsbuchhandlung GmbH, München

© Linolschnitte, Atelier Scheufele, Frankfurt

Alle Rechte vorbehalten

Aus dem Englischen von Petra Schnell

Redaktion: Wulf Goebel, Frankfurt
Lektorat: Gudrun Ruoff
Umschlaggestaltung: Atelier Scheufele, Frankfurt
Fotos: Informationsgemeinschaft Bananen, München; Del Monte, Hamburg
Layout: Susanne Kosub, Atelier Scheufele, Frankfurt
Illustrationen: János Déri, Atelier Scheufele, Frankfurt
Satz: Atelier Scheufele, Frankfurt
Litho: TOP, Agentur für visuelle Kommunikation, München
Druck und Bindung: Chemnitzer Verlag und Druck, Zwickau
Printed in Germany

ISBN 3-87287-412-8

Mit freundlicher Unterstützung der Internationalen
Fruchtimport Gesellschaft Weichert & Co., Hamburg

Inhalt

Für

meinen geliebten Mann Karl. Gemeinsam bauten wir die Bananen an, die uns zu diesem Buch inspirierten. Und für unseren Hund. Yellah, der allmählich ein Faible für Bananen entdeckt hat. Außerdem habe ich folgenden Personen und Gesellschaften zu danken:

United Fresh Fruit and Vegetable Association in Alexandria, Virginia: für die Fülle an Informationen durch die Encyclopedia of Produce, von R.A. Seelig und auf den neuesten Stand gebracht von Michelle C. Bing; Laura A. Kinkle, für ihre freundliche Hilfe; der Chiquita Brands International Inc.; der Dole Food Company; Gregg Thompson von der Banana Supply Company, Inc. in Miami, Florida; der International Banana Association (IBA) in Washington, D.C.; Del Monte Tropical Fruit Company in Coral Gables, Flori-

da; und schließlich gilt mein besonderer Dank Lesley Linsey und Jon Aron, die mir dabei geholfen haben, die Idee zu dem **Bananenkochbuch** Wirklichkeit werden zu lassen und die meine viergängigen Bananen-Testmenüs klaglos ertrugen.

Vorwort

Nach der Hindu-Legende sind Adam und Eva nicht der Verlockung eines Apfels, sondern einer Banane erlegen. Unbestritten ist eine reife, süße Banane mehr als verlockend. So erfreut sich tatsächlich ihr aromatischer Geschmack mittlerweile solcher Beliebtheit, daß die Banane in Amerika und in vielen anderen Ländern zur beliebtesten Frucht geworden ist. Vor einigen Jahren zogen mein Ehemann Karl und ich von Nantucket Island in unser irdisches Paradies in Key West. Hier wurden wir begeisterte Gärtner. Wir beschlossen, in unserem Garten Eden Bananen anzubauen. Wie ein exotisches, tropisches Wunder setzten die Pflanzen an und wir hatten unsere eigenen Bananen – ohne (beispielsweise Del Monte-) Etiketten. Dieser Bananenüberfluß in unserem Nutzgarten war der Ursprung dieses Buches. Jenes erste Bündel so an die hundert gleichmäßig reifender Bananen entfachte in mir eine jähe Begeisterung. Ich wünsche jedem Leser meines Buches, daß er eines schönen Tages auch in den Genuß einer nahe gelegenen Bananen-Plantage kommt. Nichts ist vergleichbar mit dem Duft und der leichten Süße einer eigenhändig gepflanzten Frucht.

Natürlich schmecken Bananen aus dem Supermarkt fast genauso und Sie können sie in den folgenden Rezepten guten Gewissens verwenden. Ich hoffe, sie regen Ihre Phantasie zu Dutzenden von neuen köstlichen Bananen-Rezepten an.

Carol Lindquist, Love Lane,
Key West, Florida February
1993

Ein gelbes Märchen
aus 101 Jahren

Gerade einmal erst 101 Jahre ist es her, als ein äußerst angenehmer und irgendwie fruchtiger Geruch durch das Lager des Hamburger Handelshauses Lehmann zog. Von einem Geschäftspartner auf den Kanarischen Inseln hatte der Hamburger ein paar Büschel Bananen geschickt bekommen, konnte aber mit den grünen, harten und kartoffelig schmeckenden Dingern nichts anfangen und vergaß sie in einer dunklen und warmen Ecke seines Lagers. Was so gut roch, war inzwischen gelb geworden und schmeckte beerig, ein bißchen säuerlich, leicht süß, war weich und hatte trotzdem Biß und einfach ein wunderbares Aroma.

Erst Ende des 19. Jahrhunderts konnte man in Hamburg Bananen kaufen. Und was als eher zufällige und zögerliche Bekanntschaft begann, wurde sehr schnell eine intensive und bis auf den heutigen Tag andauernde Freundschaft. Denn nach dem traditionellen Apfel wurde die Banane hierzulande das beliebteste und selbstverständlich ständig verfügbare Obst. Mit rund 20 kg Pro-Kopf-Verzehr haben sich die Deutschen aus den alten und neuen Bundesländern an die europäische Spitze gegessen.

Vom Verzehr her hatte „das Land durchaus das Zeug zur Bananenrepublik". Erst nach diversen Parteiskandalen und Ministerrücktritten gibt es Stimmen, die der Republik auch die politische Qualität einer eher bananigen Staatsform zuschreiben. Und als dann zusammenwuchs, was zusammengehörte, da war es nicht von ungefähr wieder die Banane, die (wenigstens im bananen-vollen Volksmund) zum Symbol der gesamtdeutschen Wiedervereinigung wurde.

Die Banane als eine der ältesten Kulturpflanzen der Welt war in ihrer langen Geschichte gut für die unterschiedlichsten symbolischen Zuordnungen.

Im alten Ceylon war es der Legende nach die Banane und nicht der Apfel, mit der die Schlange im Paradies Eva „herumkriegte". Ähnlich maskulin erscheint die Banane neben den „Großen Müttern" in etlichen Südseekulturen als menschheitsstiftendes Gegenstück zum „Ewig Weiblichen".

Als Alexander der Große, der ruhmreiche Makedonier, die Banane auf seinem Indischen Feldzug 327 v. Chr. kennen- und schätzenlernte, galt sie als die „Frucht der Weisen Männer".

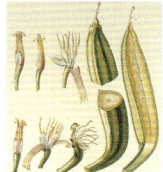

In den buddhistischen Pali-Texten des 6. vorchristlichen Jahrhunderts taucht die Banane auf, ebenso in den indischen Nationalepen „Mahabharata" und „Ramayana". Aus dem 2. Jahrhundert vor unserer Zeitrechnung stammt die Beschreibung planmäßig angelegter Bananen-Plantagen in China. Ihr Verfasser ist der bekannte Geschichtsschreiber Yang Fu. Aus dem Chinesischen Kulturraum verbreitete sich die Banane nach Indien; von dort gelangte sie an die afrikanische Ostküste; mit arabischen Sklaven- und Elfenbeinhändlern durchquerte sie den afrikanischen Kontinent. Portugiesen nahmen sie von der Westküste Afrikas mit auf die Kanarischen Inseln und legten nachweislich 1402 dort die ersten Plantagen an. Portugiesen waren es auch, die die Banane in die Neue Welt brachten. Tomás de Berlanga, Franziskanermönch und später Bischof von Panama, pflanzte 1516 die ersten Wurzelstöcke auf der karibischen Insel Santo Domingo.

Fakire, Wunderheiler und Philosophen lebten vornehmlich von der Banane viele Jahrhunderte, bevor die Lebensmittelchemie das Serotonin und seine streßverhindernde Wirkung in der Frucht entdeckte. Die lateinische Bezeichnung „musa sapientum" (die Muse der Weisen) geht auf diese Geschichte zurück.

MVSÆ fructu breviore spadice florigero in magnitudine naturali.

Was im 16. Jahrhundert als Grundnahrungsmittel für die hungernden Kariben gedacht war, verbreitete sich rasch und wurde beliebtes Obst und Nahrungsmittel zuerst im karibischen und später dem gesamten Mittelamerikanischen Raum.

Sehr wahrscheinlich war es auch der Fruchtstand einer Banane, den die Kundschafter aus dem biblischen Land Kanaan, in dem „Milch und Honig floß", mitbrachten, um den durch die Wüste ziehenden Kindern Israel die Seßhaftigkeit „schmackhaft" zu machen.

China also und Indien, Afrika und die Kanaren, die Karibik und Mittelamerika, die Klimazone, in der die Banane in ihrer langen Geschichte einmal um die Welt gewandert ist, heißt heute „banana belt", Bananengürtel. Natürlich ist es erlaubt, beim Stichwort „Bananengürtel" auch an die unsterbliche Josefine Baker zu denken.
Oder an Balu, den Bären, im „Dschungelbuch" von Walt Disney. Er versucht's – wie die weisen Männer Indiens zu Alexanders Zeiten – wesentlich mit Gemütlichkeit.
Oder an den Betreiber eines gemütlichen Bananen-Museums im Norden des Landes. Für ihn ist die Banane „Das Lächeln der Natur". Zu Recht.

Haben Sie heute schon Ihre tägliche Banane gegessen?

Bananen sind wirklich wunderbare Früchte. Sie sind „biologisch abbaubar verpackt" und man kann sie relativ günstig in jeder Lebensmittelhandlung, ob im Tante-Emma-Laden an der Ecke oder im großen Supermarkt, fast das ganze Jahr hindurch kaufen. Sie sind handlich und unkompliziert zu essen und erstaunlich vielseitig in der Zubereitung – angefangen beim eleganten Appetizer bis zu gebackenen Speisen und Desserts.

Bananen sind nahezu unschlagbar, wenn es um Nährstoffe geht. Sie enthalten eine geballte Ladung Kalium (wichtig für Muskelaufbau und Flüssigkeitshaushalt des Körpers) und Vitamin B$_6$ (wichtig für den Proteinstoffwechsel) sowie zahlreiche andere wichtige Nährstoffe (siehe Tabelle auf Seite 12). Wie wichtig Bananen sein können, geht aus einer Studie hervor, über die das „New England Journal of Medicine" berichtete. Ergebnis einer zwölfjährigen Untersuchung ist, daß allein ein kaliumreiches Nahrungsmittel mehr am Tag ausreicht, um das Schlaganfallrisiko um 40 Prozent zu vermindern. Insgesamt sind Bananen wegen ihres hohen Ballaststoffgehalts (sie enthalten nicht löslichen Pflanzenfaserstoff und Pektin) eine gute Quelle lebenswichtiger Nährstoffe.

Ihr hoher Anteil an Serotonin reguliert unsere Angsthormone. Im Moment ist die Wissenschaft dabei, die in hohen Dosen in der Banane nachgewiesenen Stoffe zu testen. Die Pflanze selbst hat die Eigenschaft, Formaldehyd in der Luft zu absorbieren. Auch das kann sehr hilfreich für die Gesundheit sein.

Wen wundert es also, wenn die Amerikaner mehr als 11,5 Milliarden Bananen im Jahr verspeisen? Im Durchschnitt sind das 26 Pfund oder fast 78 Bananen pro Person, die die „Frucht der Weisen" zur beliebtesten Frucht Amerikas machen. Für Europa steht Deutschland mit einem Pro-Kopf-Verzehr von rund 20 kg an der Spitze der Bananenkonsumenten.

Bananen : Ein nährstoffreiches Kraftwerk

Die folgende Aufstellung, die vom United State Department of Agriculture errechnet wurde, bezieht sich auf eine 100 Gramm schwere, geschälte Banane. Das entspricht einer Banane von einer durchschnittlichen Länge von 18 bis 20 cm.

Nährstoff	täglicher Bedarf in Prozent (%)
Vitamin B$_6$	29%
Vitamin C	15%
Vitamin A	*
Folacin	5%
Thiamin	3%
Riboflavin	5%
Niacin	3%
Magnesium	7%
Kupfer	6%
Eisen	2%
Phosphor	2%
Zink	*
Calcium	*
Kalium	368 mg (kein täglicher Bedarf errechnet)
Sodium	1 mg (kein täglicher Bedarf errechnet)
Komplexe Kohlenhydrate und natürliche Zuckerstoffe	23 mg (kein täglicher Bedarf errechnet)
Pflanzenfaserstoff	2,1 g (kein täglicher Bedarf errechnet)
Fettstoff	5 g (kein täglicher Bedarf errechnet)
Kalorien	90

* enthält weniger als 2% des täglichen Bedarfs dieses Nährstoffs

Tips für den Einkauf und die Aufbewahrung von Bananen:

- Bananen gehören zu den wenigen Früchten, die in voller Größe, aber grün geerntet werden. Sie können für eine gewisse Zeit gelagert werden, ohne ihr Aroma zu verlieren.

- Hängen Sie Ihre Bananen in einem kühlen, dunklen Raum auf, wenn sie langsam reifen sollen. Aber hängen Sie sie auf. Abgelegte Bananen bekommen leicht Druckstellen.

- Grüne oder gelb-grüne Bananen reifen in einem Tag bei Zimmertemperatur. Sollen sie schneller reifen, geben Sie die Bananen über Nacht in eine Papiertüte. Sollen sie noch schneller reifen, stecken Sie einen Apfel dazu.

- Bananen müssen atmen können; also verpacken Sie sie nicht in Plastik, sondern verwenden Sie immer eine Papiertüte.

- Um Bananen vor dem Überreifwerden zu bewahren, geben Sie sie für einige Tage in den Kühlschrank. Die Schale wird zwar dunkel, aber die Frucht behält ihre frische Farbe, ihre Festigkeit und ihr wunderbares Aroma. Grüne Bananen dagegen verderben im Kühlschrank. Der Reifeprozeß wird durch die niedrige Temperatur abgebrochen, und danach kann die Banane bei erhöhter Temperatur ihren natürlichen Reifeprozeß nicht fortsetzen. Sie verrottet.

- Bananen können vorsichtig eingefroren werden, sobald sie reif sind und der Umwandlungsprozeß von Stärke zu Fruchtzucker abgeschlossen ist. Tatsächlich ist gefrorene Banane die Hauptzutat bei verschiedenen leckeren Nachspeisen (siehe S. 100-115) Zum Einfrieren die Banane schälen und mit Zitronensaft beträufeln, damit sie nicht braun wird. Die Bananen einzeln vakuum verpacken. Gefroren sind sie etwa sechs Monate haltbar.

- Damit die geschälte Banane nicht braun wird, sofort mit Zitronen-, Limonen-, Orangen- oder Grapefruitsaft beträufeln.

100 g Fruchtfleisch enthalten:

Eiweiß	1,2 g
Fett	0,2 g
Kohlenhydrate	20 g
Ballaststoffe	3 g
Wasser	74 g
Vitamine	C_1, B_1, B_2, B_6, Folsäure, E, Carotin
Mineralstoffe	Kalium, Magnesium, Eisen, Kupfer, Fluorid
Kilokalorien	81
Kilojoule	341
Broteinheiten	1,6

King Kongs Leibspeise

Natürlich kann man eine Banane einfach schälen und essen – wann und wo man will. Und gleich darauf noch eine.

Banane à la Windsor

Das ganz private Frühstücksrezept des berühmten Herzogs: „Schäle zum Frühstück eine Banane. Lege sie auf einen großen Teller und bedecke sie ganz mit Orangenmarmelade. Zerdrücke sie mit einem Löffel und esse sie zusammmen mit heißem gebutterten Toast. Trinke dazu Kaffee in kleinen Schlucken."

Beschwipste Banane

Es heißt, Walt Whitman, der große amerikanische Dichter, sei verrückt nach Bananen gewesen. Er tauchte sie vor jedem Bissen in ein Glas Sherry, manchmal auch in ein Glas Rum.

Wichtiges vorab

Meßeinheiten für die Bananenrezepte

2 bis 3 mittelgroße, geschälte Bananen = 1 Tasse*

4 bis 5 mittelgroße, geschälte Bananen = 2 Tassen

1 Pfund = 3 mittelgroße Bananen oder 2 Tassen Bananenscheiben

1 Pfund = etwa 300 g oder 2 Tassen Bananenscheiben

in Scheiben: 1 mittelgroße Banane = 30 Scheiben à 3 mm

in Würfeln: 1 Pfund geschält = 2 1/2 Tassen

püriert: 1 mittelgroße Banane = 1/3 oder 1/2 Tasse

* wichtig: Die Mengenangabe „1 Tasse" entspricht der amerikanischen Bezeichung
„cup" und ist ein genormtes Maß. Sie erhalten entsprechende Meßbecher mit einer
cup-Skala in jedem gut sortierten Haushaltswarengeschäft.

Ein amerikanischer Klassiker

Natürlich Bananenscheiben auf Cornflakes mit Milch.

Marks marinierte Frühstücksbanane

Am Vorabend 1/2 cup Sahne und 2 Eßlöffel braunen Rum in einer Schüssel verrühren. Eine große, reife Banane in Scheiben schneiden und mit der Marinade mischen. Diese anregende Frühstücksbanane vor dem Servieren mit Zimt und Nüssen bestreuen.

Tami's Best Hampton Banana

Eine große, reife Banane in Scheiben schneiden und mit 1/2 cup Sauerrahm vermischen. Mit braunem Zucker bestreuen oder mit einem Löffel Erdbeermarmelade bedecken.

California Coup

Einmal angenommen, Sie wollen mit Freunden den gemeinsamen Urlaub planen. Sie laden sie ein und wollen etwas auf den Tisch bringen, das aus Freunden gute Freunde macht, dann ist die „California Coup" genau das Richtige (für 6 Personen).

2 mittelgroße Bananen
1 Päckchen Vanillezucker
1 EL Zitronensaft
4 EL Maraschino
0,2 l Sahne
500 ml Erdbeer-Fruchteis-creme und Eiscreme mit Vanille-Geschmack
12 Stück zartbittere Borken-schokolade
12 Cocktailkirschen mit Stiel

1. Die Bananen schälen, im Mixer zusammen mit Vanillezucker, Zitronensaft und Maraschino pürieren.

2. Die Sahne steif schlagen und unter das Bananen-püree heben. Zu gleichen Teilen in 6 Portionsschälchen verteilen.

3. Aus den zwei Eissorten je 6 Kugeln ausstechen.

4. Pro Portion je eine Kugel Erdbeer- und Vanilleeis auf das Bananenpüree geben, mit Borkenschokolade gar-nieren und sofort servieren.

Super-Bananen-Frühstücks-Shake

Ein schnelles und sättigendes Frühstück, aber auch ein köstlicher Snack oder ein Mittagessen im Stehen.

2 Tassen Magermilch
2 EL Honig
3 reife Bananen, grob geschnitten
2 Knusperkekse, grob zerkleinert
1 Prise Muskat

1. Alle Zutaten im Mixer gut mischen.

2. Zugedeckt noch mal auf höchster Stufe 1 Minute mixen.

Für 2 Personen

Falls der Shake dicker sein soll, fügen Sie eine Tasse Magerjoghurt statt der entrahmten Milch hinzu.

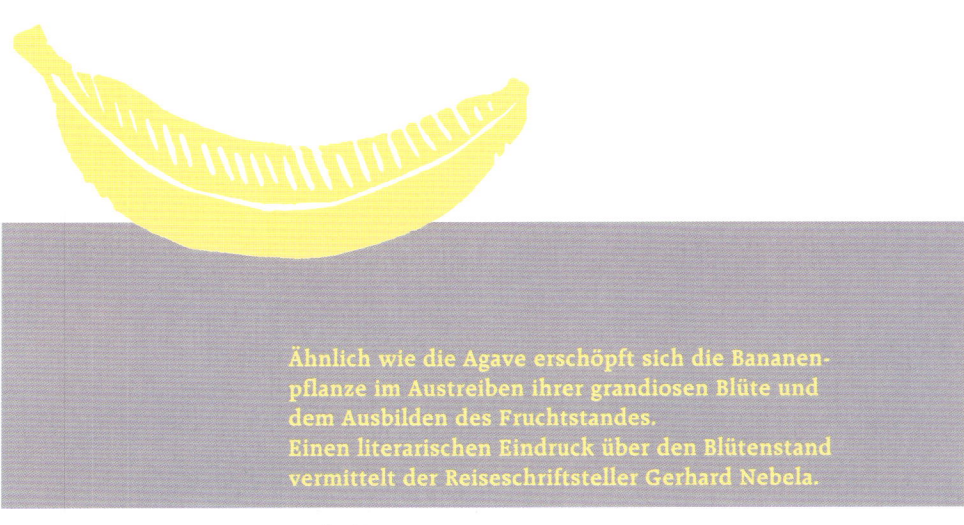

Ähnlich wie die Agave erschöpft sich die Bananenpflanze im Austreiben ihrer grandiosen Blüte und dem Ausbilden des Fruchtstandes.
Einen literarischen Eindruck über den Blütenstand vermittelt der Reiseschriftsteller Gerhard Nebela.

Da heißt es:
„Nach der Ernte wird die Mutterpflanze gekappt. Von den aus dem Wurzelrhizom nachwachsenden ‚hijos' wird nur der stärkste Trieb stehengelassen und darf zur neuen fruchttragenden Mutterpflanze heranwachsen."

Bananen-Soufflé

Dieses einfache und köstliche Soufflé hat seinen Ursprung im sogenannten Yorkshire Pudding, einer Spezialität, wie sie nur die Engländer erfinden konnten.

1/2 Tasse Milch
2 Eier
1/2 Tasse Mehl
1 Prise Muskat
1/4 Tasse Butter
1 große Banane, schräg in Scheiben geschnitten
3 EL Puderzucker
3 EL Grand Marnier

1. Den Backofen auf 200° C vorheizen.

2. In einer mittelgroßen Schüssel Milch und Eier mit einer Gabel verschlagen.

3. Das Mehl und den Muskat hinzufügen und ebenfalls mit der Gabel daruntermischen.

4. In einer Kasserolle bei mäßiger Hitze Butter zerlassen, aber nicht braun werden lassen.

5. Die Kasserolle vom Feuer nehmen, die Milch-Eier-Mehl-Mischung hineingeben und die Bananenscheiben darauf verteilen.

6. 15 Minuten backen. Sobald das Soufflé aufgegangen ist, die Kasserolle aus dem Ofen nehmen.

7. Das Soufflé mit dem Zucker bestreuen und den Grand Marnier darübergießen.

8. Noch einmal 1 Minute überbacken.

9. Das Soufflé je nach Anzahl der Personen in zwei oder vier Portionen teilen.

Ergibt 2 bis 4 Portionen

Pfannkuchen mit Ingwer-Ahorn-Sauce

Ahornsirup ist zwar nicht gerade billig, aber er schmeckt einfach himmlisch und ist vielfach verwendbar.

Für die Pfannkuchen:
2 Tassen Mehl
3 EL Backpulver
1 Prise Salz
1 Prise Muskat
2 große reife Bananen, in dünnen Scheiben
1 1/2 Tassen Milch
1 TL Vanillezucker
1 Ei
2 EL Pflanzenöl

1. Mehl, Backpulver, Salz und Muskat in einer großen Schüssel vermengen.

2. Die Bananenscheiben dazugeben und mit der Mehlmischung bedecken.

3. In einer kleineren Schüssel Milch, Vanillezucker, Ei und Öl gut mischen. Die Flüssigkeit über die Mehlmischung geben und alles gut miteinander verrühren.

4. Aus dem Teig portionsweise Pfannkuchen in einer kleinen, leicht gefetteten, heißen (Crêpes-)Pfanne ausbacken. Sobald die Pfannkuchen Blasen werfen, wenden und auf der anderen Seite leicht bräunen.

Für die Sauce:
1/4 Tasse Butter
1/2 Tasse Ahornsirup
1/4 Tasse Ingwermarmelade

1. Butter in einer kleinen Pfanne bei mäßiger Hitze zerlaufen lassen.

2. Den Sirup und die Marmelade hineinrühren und bei mäßiger Hitze unter ständigem Rühren erwärmen.

3. Über die Pfannkuchen träufeln.

Ergibt etwa 2 Dutzend kleine Pfannkuchen

In Kanada, dem Land des roten Ahornblattes, lebt Anna Banana. Seit über 20 Jahren beschäftigt sich Anna, Dada-Lady und Performance-Künstlerin, mit der Banane.

Das kleine Format ist ihr Ding. „Mail-Art", postkartengroße Kunstwerke zum Thema „Banane" sind Teil ihres umfangreichen Archivs, ebenso „Kunstbriefmarken" – natürlich auch im Zeichen der Banane.

Bananenauflauf

Dieses Gericht kann Teil
eines nicht enden wollen-
den ausgiebigen Sonntags-
frühstücks sein; mindestens
genauso viele Punkte macht
es als Dessert.

2 Tassen Weckmehl
2 EL zerlaufene Butter
1/4 Tasse Rosinen
2 große Bananen, schräg in
Scheiben geschnitten
Schale und Saft einer halben
unbehandelten Orange
1/TL Zimt
1/4 TL Muskat

1. Den Ofen auf 200° C vorheizen.

2. Eine Kasserolle einfetten.

3. In einer mittelgroßen
Schüssel das Weckmehl, But-
ter und Rosinen mischen.
Beiseite stellen.

4. In einer mittelgroßen
Schüssel die restlichen Zutaten mischen.

5. Die Zutaten schichtweise
in die Kasserolle geben, mit
der Bananenmischung
beginnen und mit dem
Weckmehl enden.

6. 15 Minuten backen. Die
Kasserolle aus dem Ofen
nehmen und den Auflauf
etwas abkühlen lassen.

Tip: Es schmeckt noch bes-
ser, wenn Sie etwas Ahornsirup darübergießen.

Ergibt 4 Portionen

Gegrillte Bananen-Speck-Röllchen

Banane und Speck harmonieren geschmacklich wunderbar. Am besten schmecken sie vom Holzkohlengrill, doch der Backofen tut es auch. Mit frischem Maisbrot ein herrlicher Brunch.

1 Tasse Orangensaft
1/4 Tasse brauner Rum
4 große reife Bananen
1/4 Tasse brauner Zucker
4 Scheiben Frühstücksspeck

1. Am Vorabend oder wenigstens 1 Stunde vorher in einer genügend großen Schale Orangensaft und Rum mischen. Die Bananen schälen und hineinlegen, darin marinieren und immer wieder wenden.

2. Die Bananen herausnehmen und gut abtropfen lassen.

3. Die Bananen in Zucker wälzen.

4. Den Speck spiralförmig um die Bananen wickeln. Falls notwendig mit einem Zahnstocher feststecken.

5. Die Bananenspeckröllchen auf den Grill legen und braten, dabei ständig wenden, bis der Speck knusprig wird. Falls kein Grill vorhanden, die Röllchen in einer Grillpfannne unter ständigem Wenden braten, bis der Speck rundherum knusprig wird.

Ergibt 4 Portionen

Ein Speckröllchen besonderer Art ist „Banano". Banano ist der knuddelige Hund von Bernhard Stellmacher. Und Bernhard Stellmacher ist alleiniger Chef des „Ersten Deutschen Bananen-Museums". Eintritt: 1 Banane. Zweitritt: 2 Bananen. Und immer so weiter.

Überbackene Bananen mit Würstchen

Mit frischem Salat und Laugenbrötchen ein köstliches Mittagessen.

2 EL Butter
4 Wiener Würstchen
(Schweinswürstel),
in Scheiben geschnitten
2 Bananen, schräg in 2,5 cm
dicke Scheiben geschnitten
1 EL süßer Senf
1/2 Tasse Grapefruit,
gut ausgedrückt
6 Eier, leicht verschlagen

1. Den Ofen auf 250° C vorheizen.

2. In einer gläsernen Auflaufform Butter und Würstchen in 4 Minuten leicht anbraten.

3. Aus dem Ofen nehmen und die Hitze auf 220° C reduzieren. Die Bananenscheiben zu den Würstchen geben.

4. Den Senf zur Grapefruit geben und gut mischen, diese Mischung auf den Würstchen und den Bananen verteilen.

5. Die Eier darübergeben und das Ganze sofort in den Ofen zurückstellen. Etwa 20 Minuten stocken lassen. Nicht zu lange überbacken. Das Gericht aus dem Ofen nehmen und heiß servieren.

Für 2 bis 4 Portionen

Leichtes Bananen-omelett

Mineralwasser und Bananen lassen ein Eieromelett leicht, luftig und aromatisch schmecken.

1 EL Butter
2 sehr große Eier
1 kleine, sehr reife Banane
1 EL Mineralwasser

1. Die Butter in einer Teflon-beschichteten Pfanne bei mäßiger Hitze schmelzen.

2. Die Eier im Mixer auf höchster Stufe 30 Sekunden schlagen.

3. Die Bananen grob zerkleinern und hinzufügen. Nochmals 30 Sekunden pürieren.

4. Das Mineralwasser hinzufügen.

5. Die Pfanne mit der Butter erhitzen und die Eiermischung zugeben. Nicht verrühren. Sobald kleine Blasen auf der Oberfläche sichtbar werden, das Omelett mit einem Holzspatel vorsichtig halbieren. Das Omelett auf die Teller verteilen und noch heiß servieren.

Ergibt 2 Portionen

Altadena liegt bei Pasadena. Und das ist ein Vorort von Los Angeles. In Altadena betreibt Ken Bannister seinen Internationalen Bananen Club, mit Mitgliedsausweis und entsprechender Anstecknadel. Die „Top Banana" Bannister verteilt aber auch akademische Grade.

Sollten Sie unser Bananen-Kochbuch mit Plaisier durchprobiert haben, hätten Sie z.B. Anspruch auf den Ehrentitel: M.B. (Master of Bananology, Kenner der Bananenkunde). Eine dementsprechende Urkunde wird Ihnen auf Anfrage ausgehändigt.

Bananen-Schaum-Omelett

Servieren Sie dieses Omelett doch einmal als Bestandteil eines festlichen Brunches oder als Theaterabend-Snack. Dies ist die Version meiner Freundin Pat, wie wir sie so oft in Clyde`s Restaurant in Washington während der Tage von Camelot gegessen haben.

4 große Eier, getrennt
1/4 TL Zimt
2 EL Zucker
1 EL Butter
3 EL brauner Zucker
1 reife Banane, in dünne Scheiben geschnitten
2 EL Crème fraîche
Puderzucker

1. Den Backofen vorheizen.

2. In einer großen Schüssel mit dem elektrischen Hand-mixer Eiweiß und 2 Eßlöffel Zucker steif schlagen.

3. In einer mittelgroßen Schüssel ebenfalls mit dem Handmixer Eigelb und Zimt hell und cremig rühren.

4. Mit einer Holzspatel die Eigelbmasse unter das Eiweiß heben.

5. In einer hitzebeständigen Pfanne die Butter bei mäßi-ger Temperatur erhitzen, aber nicht braun werden las-sen. Die Eiermischung hin-eingeben und gleichmäßig mit dem Holzspatel vertei-len. Eine Minute backen.

6. Mit dem braunen Zucker bestreuen und das Ganze unter dem Grill karamelisie-ren lassen. Aus dem Ofen nehmen und die Bananen-scheiben in die Mitte geben. Das Omelett vorsichtig zusammenklappen und auf eine Servierplatte geben.

7. Mit den restlichen Bana-nenscheiben garnieren und mit Puderzucker bestreuen. Heiß servieren.

Ergibt 2 Portionen

Bananentraum

Wenn für Bud Spencer „Banana Joe" ein Tag ohne Bananen wie ein Tag ohne Sonne ist, dann ist eine Nacht ohne Bananentraum wie ein Fisch ohne Fahrrad.

Für den Teig:
200 g Butter oder Margarine
4 Eier
100 g Zucker
1 Päckchen Vanillezucker
300 g Mehl
1 gestr. TL Backpulver
3–4 mittelgroße Bananen
100 g Schokoflocken

Für die Creme:
1/4 l Milch
1 Vanilleschote
60 g Zucker
1 1/2 EL (20 g) Speisestärke
4 EL Milch
Saft einer Zitrone
fein abgeriebene Schale einer unbehandelten Zitrone
1 Eigelb
3 EL Magerquark
1/8 l süße Sahne

Für den Guß:
100 g Zartbitterkuvertüre

1. Die Butter mit Zucker und Eiern schaumig rühren. Das Mehl mit dem Backpulver gut vermischen und unterrühren.

2. Die Bananen schälen, längs halbieren und in 1 cm große Stücke schneiden, mit den Schokoflocken unter den Teig heben.

3. Ein Backblech fetten, den Teig darauf verteilen und im auf 180° C vorgeheizten Backofen 20 Minuten backen.

4. In der Zwischenzeit die Milch mit der Vanilleschote und dem Zucker aufkochen, von der Platte nehmen. Die Vanilleschote entfernen. Mit der angerührten Speisestärke binden, das Eigelb einrühren und nochmals kurz aufkochen.

5. In eine Schüssel umfüllen und Zitronensaft, -schale und Quark unterrühren.

6. Die Sahne steif schlagen und unter die abgekühlte Creme heben.

7. Die Creme gleichmäßig auf den abgekühlten Kuchen streichen, mit der aufgelösten Kuvertüre Gitter daraufspritzen.

Ergibt 16 Stücke

Wer in seiner Bananenbiographie
kramt, stößt bestenfalls auf das
Butterbrot, mit Bananenrädchen
belegt. Daß die Banane noch viel
mehr kann, als bloß Butterbrote
zu verzieren, zeigen die folgenden
Seiten.

Zuckrige Bananen-Muffins

Schnell zubereitet und angenehm klebrig verheißen die Küchlein eine leichte Köstlichkeit. Diese süßen Dinger sind ein wahrer Genuß. Ohne jegliche Reue.

10 TL Butter
10 TL brauner Zucker
1/2 Tasse halbierte
Pecannüsse
2 Bananen, in Scheiben
etwa 300 g Buttermilch-
kekse

1. Den Backofen auf 250° C vorheizen.

2. In jedes der 10 Muffin-förmchen einen Teelöffel Butter geben und in den Ofen stellen.

3. Jeweils braunen Zucker, einige Pecannüsse und 3 Bananenscheiben hinzufü-gen. Mit den Keksen bedecken und leicht an-drücken.

4. Etwa 10 Minuten gold-gelb backen. Die Förmchen aus dem Ofen nehmen, 5 Minuten auf einem Kuchengitter abkühlen las-sen und auf eine große Platte stürzen. Noch warm servieren.

Ergibt 10 süße Muffins

Einer sehr alten Hindule-gende zufolge war es die Banane (und nicht der Apfel), mit der die Schlan-ge im Paradies Eva betörte. Formal spricht einiges dafür.

Nach dem Sündenfall erkannten Adam und Eva laut Bibel, „daß sie nackt waren". Da die Textilbana-ne noch heute Fasern liefert, mit denen Seile, Matten und anderes Flecht-werk hergestellt werden, ist anzunehmen, daß die ersten Menschen sich eher einen geflochtenen Schurz umgebunden haben, als sich ständig ein schnell welkendes Feigenblatt vor-zuhalten. Zumal sie beide Hände zum Überleben brauchten.

Bananen-Rosinen-Muffins

Jedes einzelne dieser köstlichen Muffins ist ein vollwertiger Frühstück-Sattmacher.

1/2 Tasse Orangensaft
2 Eier
2 große reife Bananen (Del Monte), grob zerkleinert
1/4 Tasse Butter, zimmerwarm
2/3 Tassen brauner Zucker
1 TL Vanilleextrakt
1 Tasse Mehl
1 Tasse Branflakes mit Rosinen
2 TL Backpulver
1 TL Salz
1 TL Piment

1. Den Ofen auf 200° C vorheizen. Eine Muffinform (ca. 30 cm ø) einfetten oder mit Backpapier auslegen.

2. Den Orangensaft, die Eier, Bananen, Butter, den braunen Zucker und den Vanillezucker im Mixer auf höchster Stufe 30 Sekunden miteinander vermengen.

3. In einer großen Schüssel das Mehl, die Branflakes mit Rosinen, das Backpulver, Salz und Gewürz mischen. Die Orangensaft-Eier-Bananen-Mischung darübergießen und alles gut mischen.

4. Die Form zu zwei Drittel mit der Masse füllen und im Ofen 25 bis 30 Minuten backen. Herausnehmen und abkühlen lassen.

Ergibt 12 Muffins

Süße Key-West-Nantucket-Muffins

Die kulinarische Verbindung von Bananen aus Key West mit Blaubeeren aus Nantucket ist ein wahrlich himmlisches Vergnügen für den Gaumen. Natürlich tun es auch die Bananen aus Ecuador und die Blaubeeren aus Schweden.

1/2 Tasse Butter, zimmerwarm
1 Tasse Zucker
1 Ei
1/2 Tasse Buttermilch
1 TL abgeriebene Schale einer unbehandelten Zitrone
2 große reife Bananen, zerdrückt
2 1/4 Tassen Mehl
2 TL Backpulver
1/2 TL Salz
1/4 TL Muskat
1 Tasse Blaubeeren

1. Den Backofen auf 200° C vorheizen. Eine Muffinform (ca. 30 cm Ø) einfetten oder mit Backpapier auslegen.

2. In einer großen Schüssel mit dem elektrischen Handmixer die Butter und den Zucker schaumig rühren. Das Ei und die Buttermilch zugeben und das Ganze luftig schlagen. Den Zitronensaft und die Bananen sorgfältig darunterrühren.

3. In einer mittelgroßen Schüssel das Mehl, Backpulver, Salz und Muskat vermengen. Nach und nach unter die Bananenmasse rühren.

4. Vorsichtig die Blaubeeren darunterheben.

5. Die Form zu zwei Drittel mit der Masse füllen. 25 bis 30 Minuten backen. Die Form aus dem Ofen nehmen und die Küchlein zum Auskühlen auf ein Kuchengitter stürzen.

Ergibt 12 Muffins

Blitzschnelle Bananenmuffins

Diese ruck-zuck angerührten Muffins sind leicht, köstlich und vollwertig – eine geradezu ideale Kombination.

1/2 Tasse Milch
1/2 Tasse Orangensaft
1/4 Tasse Pflanzenöl
1 Ei
1 Tasse Kleieflocken
1 Tasse Haferflocken
1/2 Tasse Zucker
1/2 Tasse brauner Zucker
1 1/4 Tassen Mehl
1 TL Backpulver
1/2 TL Salz
2 mittelgroße Bananen, jeweils in 6 Stücke geteilt

1. Den Backofen auf 200° C vorheizen. Die Muffinform (ca. 30 cm Ø) einfetten oder mit Backpapier auslegen.

2. In einer großen Schüssel Milch, Saft, Öl und Ei mit einer Gabel verschlagen. Die Kleie-, Haferflocken und den Zucker darunterheben, bis die Flüssigkeit aufgesaugt ist.

3. Das Mehl, Backpulver und Salz mit den übrigen Zutaten gut mischen.

4. Die Masse mit dem Löffel in die Förmchen füllen, in jedes ein Bananenstück versenken.

5. 20 bis 25 Minuten goldgelb backen. Aus dem Herd nehmen, auf dem Kuchengitter stürzen und abkühlen lassen.

Ergibt 12 Muffins

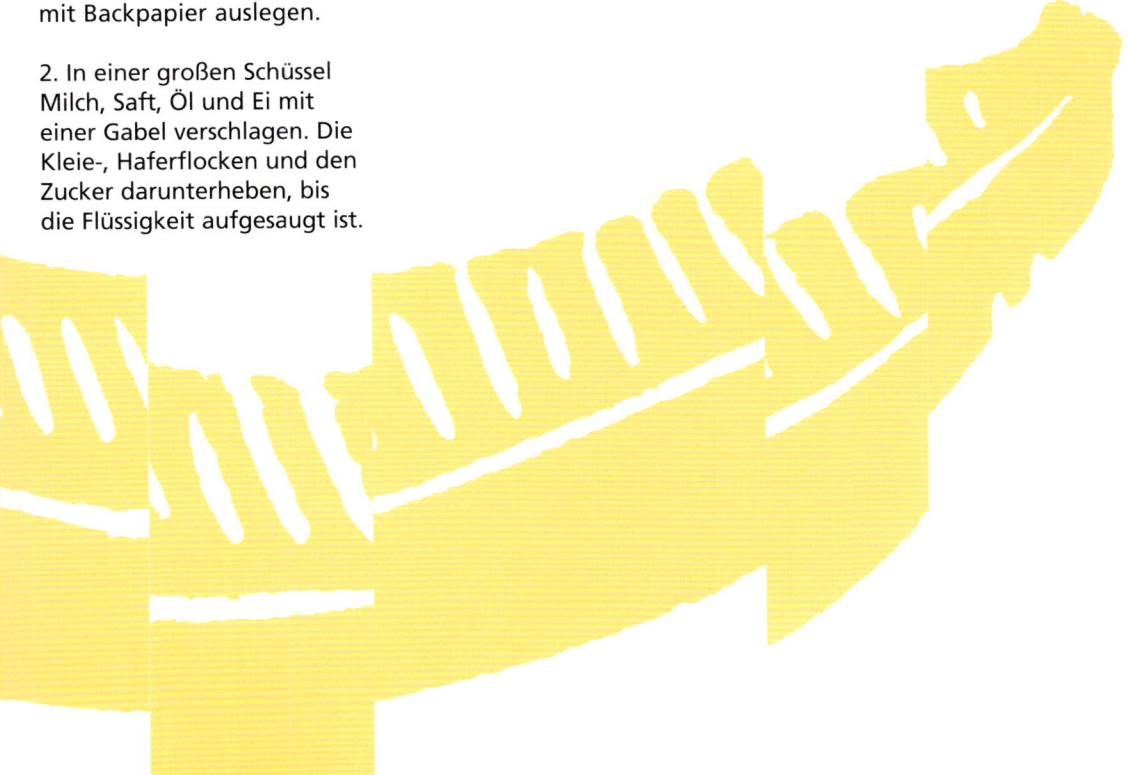

Love-Lane-Bananenbrot

Dieses Brot schmeckt dünn geschnitten und mit Frischkäse bestrichen wunderbar zum Tee.

1/2 Tasse Butter, zimmer-warm

1 Tasse Zucker

2 Eier

Schale und Saft von einer unbehandelten Orange

4 reife Bananen, grob zerdrückt

2 Tassen Mehl

1 TL Backpulver

1/2 TL Salz

1/2 TL Muskat

1/4 TL gemahlener Ingwer

1. Den Backofen auf 200° C vorheizen. Eine Kastenform einfetten oder mit Backpapier auslegen.

2. In einer großen Schüssel mit dem elektrischen Handmixer Butter und Zucker schaumig rühren. Die Eier hinzufügen. Die Orangenschale, den -saft und die Bananen sorgfältig daruntermischen.

3. Die restlichen Zutaten unterheben und alles zu einer einheitlichen Masse verrühren.

4. Die Masse in die Form füllen und eine Stunde backen. Das Brot ist durchgebacken, wenn an dem zur Garprobe hineingesteckten Zahnstocher keine Teigreste mehr haften. Das Brot aus dem Ofen nehmen und 10 Minuten abkühlen lassen, auf ein Kuchengitter stürzen und vollständig auskühlen lassen.

Ergibt 1 Kastenbrot

Variation: Sie können auch fein gemahlene Walnüsse, ganze Walnüsse, Erdnüsse, Pecannüsse oder fein geschnittene Datteln, Rosinen oder fein geriebene Kokosnuß hinzufügen.

Bananen-Aprikosen-Brot

Schmeckt dünn geschnitten, leicht getoastet und gebuttert oder mit Orangenquark bestrichen (siehe S. 33) wunderbar zum Tee.

1 Tasse Mehl
3/4 Tassen Vollkornmehl
1/4 TL gemahlener Kardamom
2 1/4 TL Backpulver
1/2 TL Salz
1/3 Tasse Butter, zimmerwarm
2/3 Tasse Zucker
1 TL abgeriebene Schale einer unbehandelten Zitrone
2 Eier
3 reife Bananen
1/2 Tasse Pecannüsse
1/4 Tasse getrocknete Aprikosen, fein gehackt
Puderzucker

1. Den Backofen auf 200° C vorheizen. Eine Kastenform einfetten oder mit Backpapier auslegen.

2. In einer mittelgroßen Schüssel Mehl, Kardamom, Backpulver und Salz mischen.

3. In einer großen Schüssel mit dem elektrischer Handmixer Butter, Zucker und Zitronenschale mischen. Die Eier und die Bananen darunterrühren. Nach und nach die Mehlmischung sorgfältig darunterheben. Nüsse und Aprikosen dazugeben.

4. Die Masse in die vorbereitete Kastenform geben und das Ganze etwa 1 Stunde backen bzw. solange, bis an dem zur Garprobe hineingesteckten Zahnstocher keine Teigreste mehr verbleiben. Die Form aus dem Ofen nehmen und 10 Minuten abkühlen lassen. Das Brot stürzen und vollständig auskühlen lassen. Mit Puderzucker bestäuben.

Ergibt 1 Kastenbrot

Bananen-Mais-Brot „Mile Zero"

Mile Zero ist ein anderer Ausdruck für Key West, Florida. Es bedeutet den Ausgangspunkt der U.S. Route Number One in Key West und wurde durch die gleichnamige Erzählung von Thomas Sanchez unsterblich. Wer auf diese Piste oder eine beliebig andere geht, sollte unbedingt Bananen dabei haben.

1 Tasse Maismehl
1 Tasse Mehl
2 TL Backpulver
1/4 Tasse Zucker
1/2 TL Kreuzkümmel, gemahlen
1 TL Salz
2 reife Bananen, grob zerkleinert
1/2 Tasse Milch
1 Ei, verschlagen
1/2 Tasse Joghurt
1 kleine Dose grüner Chili

1. Den Backofen auf 200° C vorheizen und eine quadratische Form ausfetten.

2. In einer kleinen Schüssel Maismehl, Mehl, Backpulver, Zucker, Kümmel und Salz vermischen.

3. In einer großen Schüssel mit dem elektrischen Handrührer die Bananen, Milch, das Ei, den Joghurt und den Chili sorgfältig verrühren. Mit der Mehlmischung vermengen, aber nicht zu sehr vermischen.

4. Die Masse in die Form füllen und 25 bis 30 Minuten goldbraun backen. Die Form aus dem Ofen nehmen und das Brot als herzhaften Lunch oder als vollwertiges Abendessen zu Suppe, Hühnchensalat, Chili oder Rührei servieren.

Ergibt etwa 9 Portionen

Auch Adam fing bei Null an. Keine Frau, nichts anzuziehen, ahnungslos.

Daß das mit der Banane schlagartig anders wurde, belegen die Lichtenberger Glossare aus dem 15. Jahrhundert.

Die Banane, so heißt es, „sey dye erste frucht, dy Adam aße in dem paradise mit sunde". Sie hieß deshalb auch ein paar Jahrhunderte hindurch „Paradiesfeige".

Also: Wer von Euch ohne Sünde sei, der werfe die erste Banane.

Bananen-Kürbis-Gewürzbrot

Dieses würzige Brot wird oft noch zum traditionellen Thanksgiving-Truthahn serviert. Kommt aber auch ohne Puter sehr gut.

1/2 Tasse Butter, zimmerwarm
1/2 Tasse Zucker
1/2 Tasse brauner Zucker
2 Eier
3 EL aufgetautes Orangensaftkonzentrat
1 EL geriebener Ingwer
2 reife Bananen, zerdrückt
1/2 Tasse Kürbispüree
2 1/2 Tassen Mehl
1 TL Zimt
1/8 TL Nelkenpulver
1 TL Backpulver
1/2 Tasse Pecannüsse
1/2 Tasse Rosinen

1. Den Backofen auf 200° C vorheizen. Eine 20 cm x 10 cm große Kastenform einfetten.

2. In einer großen Schüssel mit dem elektrischen Handrührer Butter und Zucker schaumig rühren. Die Eier sorgfältig darunterrühren. Das Orangensaftkonzentrat, Ingwer, Banane und Kürbis darunterschlagen. Nach und nach das Mehl, die Gewürze und das Backpulver darunterrühren und alles gut zu einer einheitlichen Masse vermengen. Die Pecannüsse und die Rosinen darunterheben.

3. Die Masse in die Form füllen und etwa 1 1/4 Stunden backen. Zur Garprobe einen Zahnstocher in das Brot stecken, klebt kein Teig mehr daran, ist das Brot durchgebacken. Die Form aus dem Ofen nehmen und 10 Minuten auskühlen lassen. Das Brot auf ein Kuchengitter stürzen und vollständig auskühlen lassen.

Schneiden Sie das Brot in dünne Scheiben und bestreichen Sie sie dünn mit Orangenquark zum Tee.

Für den Orangenquark nehmen Sie eine Packung Quark oder Frischkäse (zimmerwarm), 3 Eßlöffel aufgetautes Orangensaftkonzentrat und 1 Eßlöffel Orangenschale und schlagen alles zu einer cremigen Masse.

Ergibt 1 Kastenbrot

BEKANNTE KÜNSTLER DURCH DIE BANANE GESEHEN

George Moran, ein amerikanischer Künstler, hat sich in der Kunstgeschichte der Welt umgesehen und Bilder, die ihm tauglich erschienen, bananig interpretiert. Aus seinem „Museum of Modern Bananas" geben wir ein paar herausragende Beispiele: Für den Bananenskeptiker, den immer wieder Zweifel plagen mögen, ob die Bananisierung der Welt nun wirklich die Lösung aller Probleme bedeutet, hat das New Yorker Museum of Modern Bananas helle Räume der Anschauung und der inneren Sammlung installiert, die ihm die Banane als das eigentliche Thema abendländischer Kunst überzeugend darstellen.

BANANARY NIGHT VAN GOGH

Unschwer erkennt das geschulte Auge des Kunstbeflissenen in dem späten van Gogh ein Bekenntnis des Künstlers zur Banane. Wo sich die Kunstgeschichte bislang auf die Beschreibung des Flammenhaften der Zypressen (im Bildvordergrund) und der rotierenden Lichtquellen beschränkte, scheint es jetzt an der Zeit, an die friedliche Seite des sonst aufgewühlten Geistes zu erinnern und auf die Bananen aufmerksam zu machen, die in Lichtinseln still über der Stadt schweben.

SLEEPING BANANAS HENRY ROUSSEAU

Henry Rousseau, der Zöllner. Und sein wohl berühmtestes Bild von der „Schlafenden Zigeunerin". Wir erinnern uns: Paris, Les Halles, der Bauch der Stadt und die altehrwürdigen Markthallen mit dem Flair, nahrhafter und verkleckerter Weltmittelpunkt zu sein.

Hier kommen die Bananen an, schlafend und kühl. Hier hat das Vagabundieren ein Ende. Hier werden sie vom heißen Atem der Wüste, für die der Löwe eine überzeugende und gut gebrüllte Metapher ist, wachgeküßt. Hier leben sie ihr kalorienarmes Leben voller Tanz, Musik und Anmut.

Das ist das eigentliche Bild, das uns Henri Rousseau geben wollte von seiner Stadt. Das Leben als zollfreie Banane, als Fest, als fröhlicher, immerwährender Rausch.

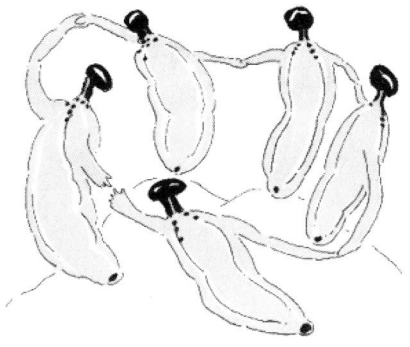

LES BANANES D'AVIGNON
PABLO PICASSO

Es sei dies das erste moderne
Bild der Kunstgeschichte. Picasso
habe sich, so heißt es, von den
afrikanischen Maskensammlun-
gen des Prado in Madrid beein-
flussen lassen.

Fremd und exotisch waren zu
dieser Zeit auch die Bananen.
Deshalb „fremdeln" sie auch, die
Früchtchen, rücken zusammen
und bilden eine geschlossene
Gruppe, die ihre Sicherheit in
ihrer eigenen Mitte sucht. Sich
selbst überlassen, stoisch und
mit wartender Gebärde.

LA DANSE DES BANANES
HENRI MATISSE

Wo Pablo Picasso seiner Figurengruppe Statik gibt, also auch
Stärke und beherztes Standver-
mögen, kreist die Figurengruppe
von Henri Matisse selig und
blind um sich selbst. Ihre Kraft
liegt im Kontakt, im Spüren
des anderen, im Kreisen als Wie-
derholung der Kosmischen
Gesetze, im „blinden" Vertrauen
auf das Göttliche in uns.

THE PERSISTENCE OF
BANANAS
SALVADOR DALI

Was sind bei Licht betrachtet
die ersten Taschenuhren, die als
die Nürnberger Eier in die Welt
kullerten, gegen Bananen. Wie
vordergründig und eines surrealen Genies letztlich unwürdig ist
es, Zeit als Gummiuhr darzustel-
len, wie es Salvador Dali in seinem berühmten Bild getan hat.
Bananenzeit dagegen ist Welt-
zeit, ist das unbekümmerte
Durchschreiten der Zeitzonen.
Bananenkultur ist Weltkultur.
Sie ist dann auch die eigentliche
Spannung, die sich zwischen
zwei surrealen Schnurrbartspit-
zen aufbaut und über der Bucht

von Figueras als Malgewitter ent-
lädt. Bananenzeit. Endloszeit. Das
Weiche, sagte schon Laotse, wird
das Starre überdauern; das Krum-
me das Gerade.
Bananige Dauerzeit. Wo sich in
der Krümmung der Frucht die
Krümmung des Horizontes wie-
derholt und der Horizont sich im
Schnurrbartbogen spiegelt, wo
alles in allem und alles banane ist.

Scharfe Bananen-Fleischbällchen

Spannend wird es immer dort, wo Extreme sich mischen, wo Liebe und Haß aufeinanderprallen oder eine Banane und Rosenpaprika.

Für die Fleischbällchen:

375 g gemischtes
Hackfleisch
1 Banane
1 Ei
1 TL Senf
1 TL Paprika edelsüß
1 zerdrückte Knoblauchzehe
1/2 TL Rosenpaprika (scharf)
5 Tropfen Tabasco
Salz, Pfeffer aus der Mühle
15 g Butterschmalz

Für die Sauce:

500 g passierte Tomaten
1 Zwiebel
Saft einer halben Zitrone
1 Mango
1 Banane
Salz, Pfeffer, Zucker
1/2 Bund frischer Koriander
oder glatte Petersilie

1. Das Hackfleisch mit dem Ei, der Banane und den Gewürzen verkneten und mit angefeuchteten Händen Fleischbällchen daraus formen.

2. Das Butterschmalz in einer tiefen Pfanne erhitzen und die Bällchen rundherum darin braun braten, herausnehmen und warm stellen.

3. In dem Fett die kleingewürfelte Zwiebel andünsten, die Tomaten dazugeben.

4. Die Mango schälen, das Fruchtfleisch vom Stein lösen und in Stücke schneiden, die Banane ebenfalls schälen und in Scheiben schneiden, zu den Tomaten geben. Mit Salz, Pfeffer, Zitronensaft und Zucker abschmecken.

5. Die Fleischbällchen in die Sauce geben, alles noch einmal erhitzen. Vor dem Servieren den kleingehackten Koriander oder die Petersilie unterziehen.

Ergibt 4 Portionen

Dazu paßt:
Baguette oder Reis.

Leichtes Bananen-Tomaten-Chutney

Dies ist ein schnell gerührtes, nicht gekochtes Chutney. Es schmeckt exzellent zu gegrilltem Fisch, Lamm oder Geflügel.

2 reife Bananen, gewürfelt
2 reife Tomaten, gewürfelt und abgetropft
1 TL sehr scharfe Paprika-Sauce
1/2 TL Worcestersauce

1. In einer kleinen Schüssel alle Zutaten gut mischen.

2. Vor dem Servieren gut kühlen.

Ergibt etwa 2 Tassen

Unter der Rubrik „Heute" stand neulich folgende Geschichte in der Frankfurter Rundschau:

„... schälte der Mann eine Banane, warf die Bananenschale zehn Meter weit in die Anlage und traf genau in den Papierkorb, der dort aufgestellt war. Die Frau, die das sah, sagte zu dem Mann: „Dunnerwedder! Sie könne derr awwer ziele!", und der Mann sagte: „Danke ferr Ihne Ihr Kombliment, Gnädigste! Gelernt is gelernt!", und zu einem Spaziergänger, der gerade des Wegs kam, sagte der Mann: „Eichentlich wollt ich ja den Tybb treffe, der wo dort driwwe uff de Bank sitzt!"

Karls Cayo Hueso B&B Dip

Dieser herzhafte Dip verbindet die zwei wichtigsten kubanischen kulinarischen Erzeugnisse, Bohnen und Bananen, denen man auch in Key West (Cayo Hueso), Florida frönt.

400 g gekochte schwarze gewürzte Bohnen* aus der Dose (Kirby)
1 große reife Banane
1 EL Limettensaft
2 EL sehr scharfe Tomaten-Chili-Sauce

1. Die Bohnen abtropfen lassen und zur Seite stellen.

2. In einer mittelgroßen Schüssel alle Zutaten mischen und mit einem Kochlöffel pürieren. Gegebenenfalls etwas Flüssigkeit dazugeben.

3. Erhitzen und mit Tortilla Chips anrichten.

Ergibt 2 Tassen (für 4 bis 6 Personen)

* Falls Sie ungewürzte Bohnen verwenden, fügen Sie jeweils 1/2 TL frisch gemahlenenen Pfeffer, Zwiebelsalz und Knoblauchpulver hinzu; 1 TL Salz und Pfeffer und 1 EL Essig.

Banana-Rumaki

Dieses Gericht ruft jedesmal Begeisterung hervor, wenn ich es serviere. Man kann nie zuviel davon machen, weil man nie genug davon haben kann. Es läßt sich auf Cocktailparties wunderbar mit den Fingern essen.

1/2 Tasse Sojasauce
1/2 Tasse Orangensaft
1/4 Tasse brauner Zucker
1 Knoblauchzehe, zerdrückt
1/2 TL Currypuder
1/4 TL geriebener Ingwer
1/4 TL Zimt
4 Bananen, in 2,5 cm dicken Scheiben
25 g Wasserkastanien, halbiert
12 Scheiben magerer Speck, halbiert
1 Packung Zahnstocher

1. In einer Schüssel die Sojasauce, den Orangensaft, den braunen Zucker, Knoblauch, Curry, Ingwer und Zimt mischen und gut verrühren.

2. Die Bananenscheiben und Wasserkastanien in die Speckscheiben wickeln. Mit einem Zahnstocher feststecken. Auf die gleiche Weise 24 Rumaki (Spießchen) herstellen.

3. Die Rumaki mindestens eine Stunde in der Marinade ziehen lassen, immer wieder wenden.

4. Den Backofen auf 250° C vorheizen.

5. Die Spießchen aus der Marinade nehmen und auf ein Gitter legen.

6. 12 bis 15 Minuten überbacken, bis der Speck knusprig wird. Die Rumaki herausnehmen und auf Küchenpapier abtropfen lassen. Heiß servieren.

Ergibt 24 Stück

24 Bananen-Riesenleckerbissen

Diese heiße luftige Sauce paßt gut zu der eher magenfüllenden Del Monte-Banane. Falls Sie die Zutaten im Hause haben, können Sie diese Horsd`œuvres bei unerwartetem Besuch oder als schnellen Snack zwischendurch zubereiten.

1/2 Tasse Chilisauce
1 Tasse Traubengelee
2 EL Zitronensaft
2 EL fertige scharfe Paprika-sauce
2 EL brauner Zucker
1/4 TL gemahlene Nelken
4 große noch etwas grüne Bananen, in 2,5 cm dicken Scheiben

1. In einer hitzebeständigen Schüssel oder in einem Kochtopf alle Zutaten bis auf die Bananen gut mischen und bei mittlerer Temperatur erhitzen. Die Bananen dazugeben und mit der Sauce bedecken. Mit Zahnstochern servieren.

Ergibt etwa 24 Stück

Bananencracker

Sie wurden von meinem
Ehemann Karl kreiert. Man
kann diese kleinen Cracker
so oder mit Erdnußbutter
oder Frischkäse bestrichen
essen. Sie ergänzen wunderbar bananig ein Partybuffet.

1/4 Tasse Butter
1/2 Tasse Mehl
1/8 TL Salz
4 Tropfen Tabascosauce
1 reife Banane, zerdrückt
Salzkörner

1. Den Backofen auf 250° C
vorheizen und ein Kuchen-
blech einfetten.

2. In einer mittelgroßen
Schüssel mit dem Handrührgerät Butter, Mehl und Salz
krümelig kneten. Mit einer
Gabel Tabasco und Banane
darunterrühren.

3. Auf einer bemehlten
Arbeitsfläche den Teig leicht
durchkneten, gegebenen-
falls etwas Mehl darüber-
stäuben.

4. Den Teig halbieren und
auf die Größe des Bleches
ausrollen.

5. Den Teig auf das Kuchen-
blech geben und mit den
Salzkörnern bestreuen.

6. Mit einem Kuchenmesser
die Teigfläche in 2,5 cm
große Rauten schneiden. Die
Teigrauten 6 bis 8 Minuten
backen, bis sie goldgelb
sind. Die fertigen Cracker
mit einer Spatel lösen und
auf einem Kuchengitter auskühlen lassen. Mit der zweiten Teighälfte ebenso verfahren.

Ergibt 3 Dutzend Cracker

Bananenmarme- lade „Jamaica"

Falls Sie einmal etwas anderes aufs Brot haben möchten als die gute alte Vierfruchtmarmelade, so versuchen Sie's doch bei Ihrem Sandwich oder Frühstückstoast einmal mit einem tropischen Geschmack. Dieses Rezept füllt sechs 200-g-Gläser und ist das perfekte Gastgeschenk. Nicht verschenken sollten Sie allerdings diese wunderbare Marmelade, wenn Sie die ganze Pracht für sich alleine haben wollen. Wie sagten wir doch als Kinder: „Selber essen macht fett."

1 Tasse Orangensaft
1/2 Tasse Limettensaft
1/2 Tasse Wasser
2 Tassen Zucker
5 große reife Bananen, in dünnen Scheiben

1. In einem großen, schweren Topf alle Zutaten außer den Bananen bei mittlerer Hitze zum Kochen bringen.

2. Die Bananen hinzufügen und bei mäßiger Hitze köcheln lassen, regelmäßig umrühren, damit die Masse nicht zu dick wird.

3. In heiße, ausgespülte Gläser füllen und sofort verschließen, bzw. laut Anweisungen auf den Marmeladengläsern verfahren.

Ergibt sechs 200-g-Marmeladengläser

3 Horsd'œuvres-Kombinationen

Bananen harmonieren wunderbar mit anderen Hors-d'œuvres-Zutaten, im folgenden meine absoluten Favoriten:

1. Dünn geschnittene Scheiben Parmaschinken um Bananenstücke wickeln, die zuvor in Zitronensaft getaucht werden. Den Schinken mit Zahnstochern feststecken.

2. Schräg geschnittene Bananenscheiben in fein geraspelten Nüssen wälzen. Darauf einen Klacks

- Chutney

- Erdnußbutter mit einem Schuß sehr scharfer Paprika-Sauce

- Schinkenwürfel gemischt mit süßem Paprikarelish

- mit Ingwer gewürzten Frischkäse setzen

3. Einige Bananen in 2,5 cm dicke Scheiben schneiden und mit einem Melonenstecher Löcher in die Scheiben stechen. Die Scheiben in Zitronensaft tauchen, damit sie nicht braun werden, mit Frischkäse füllen, der gewürzt ist mit: Kräutern, Knoblauch, Dill, Schnittlauch oder Minze. Die Bananenscheiben schmecken auch gut im Obstsalat.

Maggies Schwedisches Bananenrelish (Bananenwürze)

Maggie ist Schwedin, webt und lebt in Nantucket Island, und sie kocht genauso phantasievoll, wie sie webt. Sie serviert dieses pikante Relish zu gegrilltem Fisch und Geflügel.

1 große reife Banane (Del Monte), zerdrückt
2 Äpfel, geschält und gerieben
2 kleine Karotten, geputzt und gerieben
3 TL Majonnaise
Saft von einer Zitrone
1 EL Milch
1 Knoblauchzehe, zerdrückt
1/4 TL weißer Pfeffer
1/4 TL Salz
1 TL Zucker
2 EL frisch gehackter Dill

1. In einer Schüssel alle Zutaten sorgfältig mischen.

2. In den Kühlschrank stellen und sehr kalt servieren.

Ergibt etwa 1 1/2 Tassen

Johns Bananen-Tamarinden-Chutney

Die Tamarinde ist eine tropische Frucht mit einem etwas bitteren, strengen, aber durchaus erfrischenden Aroma. Das Fruchtfleisch gibt es tiefgefroren in gut sortierten Supermärkten oder in speziellen Feinkost- oder Asienläden.
Unser Freund John ist ein vielseitiger Koch. Dies ist sein Lieblingschutney. Es wird nicht gekocht und muß deshalb sofort gegessen werden. Es paßt exzellent zu Currys und gegrilltem Lamm. Sie können es auch mal mit Frischkäse aufs Sandwich streichen.

2 EL Zitronensaft
1 große reife Banane, gewürfelt
1/2 Tasse Tamarindenfrucht-fleisch
1 EL Rosinen
1 EL geriebener Kümmel
1/4 TL Cayennepfeffer
1 TL Salz
2 EL Zucker

1. In einem kleinen Glas oder in einer Keramikschüssel Zitronensaft über die Bananenwürfel träufeln.

2. Die übrigen Zutaten hinzufügen und alles mit einer Gabel sorgfältig vermengen.

Ergibt 1 Tasse

Bananen-Mohn-Dressing

Die folgenden würzigen und süßen Dressings sind eigentlich alle fett- und cholesterinfrei, die idealen Dips für Früchte und Gemüse. Das folgende Dressing paßt gut an Geflügel- oder Fruchtsalat oder zu gegrilltem Fisch.

1 große (oder 2 kleine) reife Bananen, in Stücken
1 Tasse Magerjoghurt
1/4 Tasse brauner Zucker
2 EL Orangensaft
1 EL Himbeer- oder Apfelessig
1/4 TL gemahlener Ingwer
1 TL Mohnsamen

1. Alle Zutaten bis auf den Mohn in den Mixer geben.

2. Auf höchster Stufe zu einer geschmeidigen Masse pürieren.

3. Das Dressing in ein verschließbares Gefäß oder in ein Marmeladenglas füllen, den Mohn darüberstreuen und verschließen. Bis zum Gebrauch im Kühlschrank aufbewahren.

Ergibt etwa 1 1/2 Tassen

Mel Ramos, Pop-Künstler aus den USA. Wer würde sich nicht an die Pin-ups erinnern, die sich an Markenartikel schmiegen; das Glamourgirl und die Zahnpastatube, beides künstliche Zitate aus der Konsumwelt. Oder „Miss Chiquita", die Lady, die sich aus der Banane schält.

Sherry-Honigsenf-Dressing

Dieses Dressing paßt gut zu gegrilltem Hühnchen oder Fisch, oder ist ein würziger Dip zu Rohgemüse.

1 große (oder 2 kleine) reife Bananen, in Stücken
1 Tasse Magerjoghurt
2 EL Honigsenf
2 EL Sherryessig

1. Alle Zutaten in den Mixer geben.

2. Auf höchster Stufe zu einer geschmeidigen Masse pürieren.

3. Das Dressing in ein verschließbares Gefäß oder in ein Marmeladenglas füllen, bis zum Servieren im Kühlschrank aufbewahren.

Ergibt 1 1/2 Tassen

Curry-Dressing

Dieses Dressing paßt wunderbar zu gegrilltem Hühnchen oder Fisch, oder ist ein würziger Rohkostdip.

1 große (oder 2 kleine) reife Bananen, in Stücken
1 Tasse Magerjoghurt
2 EL Orangensaft
2 EL brauner Zucker
1 EL Apfelessig
1/4 TL gemahlener Ingwer
1 TL Currypulver

1. Alle Zutaten in den Mixer geben.

2. Auf höchster Stufe zu einer geschmeidigen Masse pürieren.

3. Das Dressing in ein verschließbares Gefäß oder in ein Marmeladenglas füllen und bis zum Gebrauch im Kühlschrank aufbewahren.

Ergibt etwa 1 1/2 Tassen

In den USA wurde die Banane 1876 erstmalig zur Jahrhundert-Ausstellung in Philadelphia der Öffentlichkeit vorgeführt. Die einzelnen Früchte waren in farbiges Staniolpapier eingewickelt und kosteten 10 Cents. Weniger spektakulär war es in Deutschland, als der Hamburger Kaufmann Lehmann 1902 von einem kanarischen Geschäftspartner probehalber Bananen geschickt bekam und mit den grünen, nach Kartoffel schmeckenden Dingern so lange nichts anzufangen wußte, bis sie gelb wurden und reif und über die Maßen wohlschmeckend.

Herzhafter Bananensalat mit Krabben

Für all die Schnippler und Häcksler, für die Meister des Wiegemessers und die Freunde der glatten Schnitte.

1 Ei
1 TL scharfer Senf
2 EL Zitronensaft
Cayennepfeffer, Salz
3 EL Öl
150 g Magerjoghurt
1 EL Sahne
1 Bund Schnittlauch
1 Bund Petersilie
2 mittelgroße Bananen
1 Orange
200 g frische Ananas
1 säuerlicher Apfel
200 g Möhren
250 g Krabben

1. Für die Joghurtmayonnaise das Ei mit dem Senf, dem Zitronensaft, einer kräftigen Prise Cayennepfeffer und dem Salz verrühren.

2. Das Öl zuerst tropfenweise, dann in feinem Strahl in die Eimasse einrühren. Den Joghurt, die Sahne und die feingehackten Kräuter untermischen.

3. Die Bananen, die Orange und die Ananas in Stücke schneiden. Den Apfel und die Möhren schälen und raspeln.

4. Das Obst, die Möhren und die Krabben mit der Joghurtmayonnaise mischen.

Ergibt 4 Portionen

Scharfe Bananen-Erdnuß-Suppe westindische Art

Mein Mann und ich probierten diese Suppe erstmals während eines Segeltörns um die Windward-Inseln, wo Bananen, scharfe Paprika und Erdnüsse im Überfluß wachsen. Jede Insel kocht ihre eigene scharfe Paprikasauce. Dieses Rezept ist meine Version, eine köstliche und zwangsläufige Kombination von Zutaten, die bei uns überall erhältlich sind.

**2 Tassen Hühnerbrühe
1/2 Tasse Erdnußbutter
3 große, reife Bananen, grob zerdrückt
1 bis 2 EL fertige scharfe Paprikasauce
1/2 Tasse geröstete geriebene Kokosnuß**

1. In einem mittelgroßen Topf die Hühnerbrühe bei mäßiger Temperatur erhitzen und die Erdnußbutter vollständig darunterrühren.

2. Die zerdrückten Bananen und die scharfe Paprikasauce hinzufügen.

3. Die Suppe in Tassen füllen und mit der geriebenen Kokosnuß bestreuen.

Ergibt 4 Portionen

Der momentane Bananeneßrekord liegt bei sechzehn 80g-Bananen in zwei Minuten, er wurde aufgestellt bei einem vom Internationalen Banana Club gesponserten Bananen-Wettessen.
Man muß sich das einmal vorstellen: 16 Bananen in zwei Minuten! Alle acht Sekunden eine Banane! Die müssen ja nicht nur rein: die müssen ja auch unten bleiben.
Es gibt Sportarten, da möchte man gar nicht erst hingucken.

Bananen-Gazpacho „Tropical"

Diese fruchtige Variation der traditionellen spanischen kalten Tomatensuppe ist die ideale Vorspeise eines leichten Sommernachtmenüs. Man kann sie aber auch als sommerliches Mittagessen servieren.

1 Tasse blanchierte Mandeln
1 Tasse Orangensaft
4 große, reife Bananen, in Stücken
1 Tasse Erdbeeren, geputzt und halbiert
1 Tasse Joghurt
1/4 Tasse Himbeeressig
1 TL gemahlener Ingwer
1 Tasse Aprikosennektar
1 Tasse Ananasnektar

1. Mit dem Mixer oder in der Küchenmaschine die Mandeln und den Orangensaft pürieren.

2. Die Bananen, Erdbeeren, Joghurt, Himbeeressig und Ingwer hinzufügen und das Ganze fein pürieren.

3. Die Mischung in ein hohes großes Glas geben und den Nektar dazugießen. Alles gut mischen.

4. Mehrere Stunden kalt stellen. Sehr kalt servieren. Mit Erdbeerhälften oder Minzblättern dekorieren.

Ergibt 8 Portionen

Bananen-Waldorfsalat

Variieren Sie doch diesen traditionellen Salat einmal mit einem tropischen, bananigen Akzent.

1/4 Tasse Orangensaft
2 große Bananen, in 1/2 cm dicken Scheiben
2 große Äpfel, entkernt und grob gehackt
1/2 Tasse Sellerie, in feine Scheiben geschnitten
1/2 Tasse grob gehackte Walnüsse
1/4 – 1/2 Tasse Bananen-Mohn-Dressing (S. 47)

1. In einer großen Schüssel Zitronensaft über die Bananenscheiben träufeln.

2. Die übrigen Zutaten hinzufügen unter Hinzugabe von etwas Bananen-Mohn-Dressing und alles sorgfältig mischen.

3. Kalt stellen und auf knackigem grünen Salat anrichten.

Ergibt 2 Portionen

Nôle G., Bananenkünstlerin aus San Francisco, hat Bananenschalen zu Jacken zusammengenäht oder zu Schuhen.
Die Erweiterung des Begriffes Haut vom tierischen Leder auf die pflanzliche Schale.
Sehr zart das alles, sehr verletzbar. Die Ballschuhe sind vielleicht für den Walzer zwischen Null Uhr Null und Mitternacht. Danach zerfallen sie zu goldgelbem Bananenlaub.

Bananen-Trauben-Gelee

Das Bananen-Mohn-Dressing von Seite 47 paßt wunderbar zu diesem Obstgelee.

2 EL Gelatine
1/4 Tasse kaltes Wasser
1/2 Tasse kochendes Wasser
1/4 Tasse Zitronensaft
2 EL Zucker
1 Tasse Ginger Ale
2 Bananen, in Scheiben
1 Tasse kernlose
helle Trauben
1/2 Tasse gehackte
Pecannüsse

1. Die Gelatine in kaltem Wasser 5 Minuten einweichen. Die Gelatine ausdrücken und in einer großen Schüssel im kochenden Wasser auflösen. Den Zitronensaft, Zucker und das Ginger Ale hinzufügen. Alles gut verrühren.

2. Die Masse etwa 45 Minuten kalt stellen, bis sie sirupartig wird.

3. Die Bananenscheiben, Trauben und Nüsse hinzufügen.

4. Das Obstgelee in eine runde große Schüssel füllen und im Kühlschrank erstarren lassen.

5. Das Obstgelee auf eine Servierplatte stürzen. Mit knackigen Salatblättern dekorieren.

Ergibt 4 Portionen

Passatwinde „Coleslaw" (Bananen-Ananas-Salat)

3 Bananen, grob zerdrückt
240 g Ananasstückchen aus der Dose
4 Tassen geraspelter Kohl
1 große Karotte, geraspelt
2 EL Apfelessig
1/2 Tasse Mayonnaise
1/4 TL gemahlener Ingwer

1. In einer großen Schüssel die Bananen- und Ananas-stückchen mit dem Saft mischen.

2. Die restlichen Zutaten hinzufügen und vorsichtig mischen.
Den Salat kalt stellen.

Ergibt 6 Portionen

Sie können auch das Bananen-Mohn-Dressing (Seite 47) statt der Mayonnaise und dem Essig verwenden, Sie benötigen 1/2 Tasse dieses Dressings.

Windanfällig und dennoch im Wind lebend. Die vom Wind einge-rissenen Blätter, die Wind-bruchmauern der Plantagen (z.B. auf den Kanaren), die Grobes verhindern sollten.

Die Banane ist eine Windpflanze.

Tropischer Fruchtsalat

Ein erfrischendes und bananiges Mittagessen im Sommer.

4 große Bananen, längs halbiert
400 g Kondensmilch
3/4 Tasse fein gehackte Erdnüsse oder Pecannüsse
240 g Ananasstückchen aus der Dose (abgetropft, Saft auffangen)
320 g Mandarinen aus der Dose (abgetropft, Saft auffangen)
1/2 Tasse Mayonnaise
1 Eisbergsalat

1. Die Bananenhälften vorsichtig in die Kondensmilch tauchen und in den Nüssen wälzen.

2. Auf den Eisbergsalatblättern jeweils 2 Bananen im Halbkreis anrichten.

3. In einer kleinen Schüssel die Ananas- und Mandarinenstückchen vorsichtig mischen, etwas davon in die Mitte der Bananenhälften arrangieren.

4. Die Mayonnaise mit etwas gemischtem Fruchtsaft verdünnen und über den Salat träufeln.

Ergibt 4 Portionen

Bananen-Salat „Grenadine"

Der Grenadine-Sirup verfärbt die saure Sahne in ein hübsches Pink und aromatisiert sie in sehr angenehmer Weise.

3 Bananen, in 1 cm dicken Scheiben
1 kleine Kantalupe, geschält, entkernt und mit dem Melonenmesser in Bällchen geschnitten
1 Tasse Erdbeeren, geviertelt
1/2 Tasse Orangensaft
1 Tasse Sauerrahm
1/4 Tasse Grenadine-Sirup
Minzzweige zum Dekorieren

1. In einer großen Schüssel Früchte und Orangensaft mischen.

2. Den Fruchtsalat auf 6 Dessertschüsseln verteilen.

3. In einer kleinen Schüssel Sauerrahm und Grenadine-Sirup mit einer Gabel verrühren. Den Rahm über die Früchte geben und das Ganze mit einem Minzzweig dekorieren.

Ergibt 6 Portionen

Ebenfalls verfärbt und „einfach anders" ist die TUI-Banane. Mit weißen Punkten, um genau zu sein. Und wenn Sie sich für Ihre Bananen-Party etwas Besonderes vorstellen können, diese blaue Banane mit den weißen Punkten gibt es auf T-Shirts, Kappen, Handtüchern, Uhren, etc. Dazu dann noch entsprechende Bananenmusik. Etwas Schöneres kann Ihrer Fête kaum passieren.

Nudel-Bananen-Salat mit Tiefseegarnelen

Garnelen mit ihrem frischen Geschmack nach Meer und die beerige Frische reifer Bananen können sich auf der geschmacksneutralen Nudel hervorragend entfalten.

1 Fenchelknolle (200 g)
1 mittelgroße Banane
1/2 Orange (100 g)
30 g bißfeste gegarte Nudeln

Für das Dressing:
150 g fettarmer Joghurt (1,5 % Fett)
2–3 EL Orangensaft (ungesüßt)
2 EL Mango-Chutney (scharf, 20 g)
Curry, Salz

Außerdem:
50 g Tiefseegarnelen
1 TL Butter oder Margarine (5 g)

1. Fenchel putzen, waschen und in Scheiben schneiden. Banane schälen und ebenfalls in Scheiben schneiden. Orange schälen und das Fruchtfleisch würfeln.

2. Den Joghurt mit den übrigen Dressingzutaten verrühren und mit Gewürzen abschmecken.

3. Fenchel, Früchte und Nudeln vermischen und Dressing darübergeben.

4. Die Tiefseegarnelen in der erhitzten Butter kurz anbraten, dabei mit etwas Curry bestäuben. Auf dem Salat anrichten.

Ergibt 1 Portion

Bananen-Grand-Marnier-Kompott

Dieser Obstsalat ist eine ebenso exzellente Beilage zu gegrillten Schweinekoteletts wie ein reizvoller Nachtisch oder Teil eines ausgiebigen Frühstücks.

1/2 Tasse Orangensaft
1/2 Tasse Wasser
1 Tasse Zucker
abgeriebene Schale von
1 unbehandelten Orange
2 EL Grand Marnier
6 große Bananen,
in 1 cm dicken Scheiben

1. In einem mittelgroßen Topf bei mäßiger Hitze Orangensaft, Wasser, Zucker und Orangenschale erhitzen. Zum Kochen bringen und 5 Minuten köcheln lassen, dabei ständig umrühren. Vom Herd nehmen und Grand Marnier hinzufügen, abkühlen lassen.

2. Die Bananen in eine Schüssel geben und den warmen Sirup darübergießen. Etwa 20 Minuten bei Zimmertemperatur durchziehen lassen.
Entweder zimmerwarm oder kalt servieren.

Ergibt 6 bis 8 Portionen

Bananen-Sandwich-Kompositionen:

Bananen geben klassischen Sandwiches einen interessanten Geschmack und ein ungewöhnliches Aussehen:

1. Bananenscheiben und Chutney (S. 38) auf Dattel-Nuß-Brot.

2. Bananenscheiben, Speck und Erdnußbutter auf Vollkornbrot.

3. Bananenscheiben und Orangenmarmelade oder Ingwerkonfitüre auf Zimt-Rosinen-Brot.

4. Bananen-Scheiben, dünn geschnittener Schinken und süßen Senf auf Roggenbrot.

5. Bananen- und Avocadoscheiben, fein geschnittene Truthahnbrust mit Mayonnaise auf Pumpernickelbrot.

6. Zerdrückte Banane mit gehackten Pecannüssen und gut ausgedrücktem zerkleinerten Grapefruitfleisch auf Haferbrot.

„Banane" hieß einmal eine Zeitschrift, die mit Elan in Bremen gestartet wurde.
Auf der zweiten Titelseite war schon eine Zitrone.
Die dritte Nummer gab's leider nicht mehr.

Gefüllte Radicchiokugeln mit Bananen

Überraschungseier für Erwachsene. Kein Firlefanz, keine Montagepläne, keine Plaste und Elaste. Alles Natur, die ohne Anleitung gut schmeckt.

1 Scheibe Toastbrot ohne Rinde
1 Ei
1 Kopf Radicchio
200 g Hähnchenbrustfilet
Salz, Pfeffer, Curry, Ingwer
1–2 mittelgroße Bananen
Butterschmalz zum Fritieren

Für die Panade:
1 Ei
frisch geriebenes Panierbrot

Für die Sauce:
1 EL mittelscharfer Senf
2 EL Ahornsirup oder dünnflüssiger Honig

1. Den Radicchio waschen, die Blätter einzeln vom Kopf abpflücken. Das Hähnchenfilet fein hacken. Das Weißbrot zerreiben. Das Hähnchen mit dem Ei und dem Weißbrot vermengen. Mit Salz, Pfeffer, Curry und Ingwer abschmecken.

2. Die Banane in 8 Stücke schneiden. Je ein großes oder zwei kleinere Radicchioblätter mit Hähnchenmasse und einem Stück Banane füllen.

3. Die Radicchiokugeln formen und mit dem verschlagenen Ei und dem Panierbrot panieren.

4. Das Butterschmalz erhitzen und die Radicchiokugeln im heißen Fritierfett goldbraun ausbacken.

5. Für die Sauce den Senf und den Ahornsirup gut verrühren.

6. Die restlichen Radicchioblätter auf eine Platte legen, die Radicchiokugeln darauf anrichten. Die Sauce dazu reichen.

Ergibt 4 Portionen

Bananen-Speck-Brot

Ein leicht bekömmliches kaltes Mittagessen.

1 Ei
1/2 Tasse Apfelmost
1 TL Koriander
3 EL scharf gewürztes Tomaten-Mischgemüse oder mit Dill gewürzte Pickles
1 Tasse Maisbrotbrösel
1 Pfund grob gewürfelter Beinschinken
2 große Bananen
1/4 Tasse süßer Senf

1. Den Backofen auf 250° C vorheizen. Eine Kastenform leicht einölen.

2. In einer großen Schüssel mit einer Gabel das Ei mit dem Apfelmost, dem Koriander und dem Mischgemüse zu einer geschmeidigen Masse verschlagen. Schinken und Maisbrotbrösel hinzufügen. Mit einer Gabel alles gut vermengen. Die Masse halbieren.

3. Die eine Hälfte in die Kastenform füllen. Die ganzen geschälten Bananen nebeneinander darauf legen, die restliche Schinkenmischung dazugeben und gut andrücken. Mit dem Senf bedecken.

4. Etwa 45 Minuten backen oder bis der Schinken brodelt und leicht bräunt. Aus dem Ofen nehmen und vor dem Aufschneiden leicht auskühlen lassen.

Ergibt 6 bis 8 Portionen

1516 brachte der Franziskanermönch und spätere Bischof von Panama, Tomás de Berlanga, die Banane von den Kanarischen Inseln in die Karibik, nach Santo Domingo.
Der fromme Mann tat dies mit dem Vorsatz, der hungernden karibischen Bevölkerung ein neues Grundnahrungsmittel zu geben.
Wenn man will, ein Vorläufer von „Brot für die Welt", „Bananen für die Karibik".

Gefüllte Hühner-brust

Ihre Gäste werden von dieser orientalischer Version eines sonst tropischen Gerichts bestimmt begeistert sein.

4 Hühnerbrüste, entbeint, aber nicht gehäutet, trockengerieben
8 EL Erdnußbutter
4 Schalotten, nur die weißen Teile
4 TL frisch geriebener Ingwer
2 kleine Bananen, längs halbiert
4 EL zerlaufene Butter
Salz, Pfeffer und Paprika nach Belieben

1. Den Backofen auf 250° C vorheizen. In einer Pfanne etwas Butter zerlassen.

2. Zwei Eßlöffel Butter auf die untere Seite der Hühner-brüste streichen. 1 Schalotte und 1 Teelöffel Ingwer und jeweils eine Bananenhälfte darauf legen.

3. Jeweils die obere auf die untere Seite der Hühner-brust klappen und sie seit-lich zusammenrollen.

4. Die gefüllten Hühnerbrüste nebeneinander in die Pfanne legen. Mit der zerlaufenen Butter bestreichen und mit den Gewürzen bestäuben.

5. 50 bis 55 Minuten im Backofen braten, bis sie gold-braun sind.

Ergibt 4 Portionen

Plantagen-Eintopf

Diese Variation eines haitanischen Originalrezepts paßt ausgezeichnet zu Schwein oder Geflügel.

4 große süße Kartoffeln, geschält, in Stücke geschnitten und weich gekocht
3 große Bananen
1/4 Tasse Butter
2 EL Sahne
2 EL brauner Rum
1/4 Tasse brauner Zucker
3/4 Tasse Grapefruit, gut ausgedrückt
1 TL Salz
1/4 TL gemahlener Muskat
1/2 Tasse Pecannüsse

1. Den Backofen auf 250° C vorheizen. Eine große Kasserolle einfetten.

2. Die Kartoffeln, Bananen, Butter, Sahne, Rum und braunen Zucker in einen Mixer geben und fein pürieren. Grapefruit, Salz und Muskat dazugeben.

3. Das Ganze in die vorbereitete Kasserolle füllen und mit den Pecannüssen bestreuen. Etwas Butter in Flöckchen darauf setzen. 25 Minuten backen. Heiß servieren.

Ergibt 8 Portionen

Schweinebraten mit Früchten

Durch diese bananige Zubereitungsmethode erhält man einen besonders saftigen und zarten Braten mit einem herrlichen Aroma.

1 Folienbratschlauch
1 EL Mehl
2 Pfund Schweinerollbraten oder -lendenbraten
4 kleine, feste ganze Bananen
1 Tasse getrocknete Aprikosen
1 Tasse entsteinte Trockenpflaumen
1 Tasse brauner Würfelzucker
1/2 Tasse Orangensaft

1. Den Backofen auf 250° C vorheizen. Die Bratfolie innen mit Mehl bestäuben.

2. Das Schweinefleisch, die Bananen und die getrockneten Früchte in die Folie geben. Das Ganze in eine Bratreine setzen.

3. Den braunen Zucker in die Folie geben und den Orangensaft dazugießen. Die Folie beidseitig gut verschließen und mit einer Gabel oben 4 Löcher hineinstechen.

4. 1 1/2 Stunden braten oder so lange, bis das Fleischthermometer 85 bis 90° C anzeigt.

5. Die Bratreine aus dem Ofen nehmen, die Folie aufschneiden und das Fleisch auf einer Platte mit den Früchten anrichten. Den Saft über das Fleisch und die Früchte träufeln.

Ergibt 4 bis 6 Portionen

Fritierte Bananen

Bei uns und in der Karibik werden fritierte Bananen zu Meeresfrüchten, Hühnchen oder Schwein serviert. In Indonesien gehören sie als Beilage zu jedem balinesischen Hauptgericht. Sie sind aber auch ein reizvolles Dessert mit Puderzucker und Ahornsirup.

1 Tasse Mehl
1 1/2 TL Backpulver
2 EL Zucker
1/2 TL Salz
1/2 Tasse Milch
1 Ei, gut verschlagen
1 TL brauner Rum
4 große reife Bananen, jede schräg in 4 Stücke geschnitten
1/4 Tasse Mehl zum Panieren
Pflanzenöl zum Fritieren

1. In einer mittelgroßen Schüssel das gesiebte Mehl, Backpulver, Zucker und Salz mischen. Milch, Ei und Rum hinzufügen und das Ganze mit einem Schneebesen geschmeidig schlagen.

2. Die Bananenstücke in einer Viertel Tasse Mehl wälzen. Abschütteln und jedes Stück in den Ausbackteig tauchen, bis es ganz bedeckt ist.

3. In 250° C heißem Öl 4 bis 6 Minuten fritieren, bis die Bananenstücke braun sind. Herausnehmen und auf Küchenpapier abtropfen lassen.

Ergibt 4 bis 6 Portionen

Carmen Obert fotografiert und schreibt in Hamburg. Zeit spielt in ihren Arbeiten eine entscheidende Rolle, die Vergänglichkeit der Dinge.

„Traurige Tropfen" war einmal das Gegenwort zu unseren Vorstellungen von den tropischen Ländern als Gegenden ewiger Unbeschwertheit.

Bananen-Shrimps-Curry

Ein tolles Gericht, das sich für ein festliches Menü bestens eignet. Servieren Sie dazu in verschiedenen Schüsselchen: geriebene Kokosnuß, Erdnüsse, Chutney, gehackte Schalotten, Rosinen und Ananasstückchen.
Haben Sie eigentlich schon mal daran gedacht, ein festliches Bananen-Menü mit Bananen-Musik zu untermalen?

1/2 Tasse Butter
3 große feste Bananen,
in 2,5 cm dicke Stücke
geschnitten
1 große Zwiebel, gehackt
3 EL Mehl
1 Tasse Apfelsauce
1 Dose Rinderkraftbrühe
1 EL Curry
1/4 TL geriebener Ingwer
etwas Cayennepfeffer
3 EL Zitronensaft
1 1/2 Pfund geputzte und
gekochte Shrimps

1. In einem mittelgroßen Topf bei mäßiger Hitze 1/4 Tasse Butter erhitzen. Darin die Bananenstücke leicht braun dünsten. Die Bananen herausnehmen und beiseite stellen.

2. In einer großen Kasserolle die restliche Butter erhitzen. Die Zwiebel darin glasig werden lassen. Mehl darüberstäuben, die Apfelsauce und die Brühe dazugießen, gut mit einer Gabel umrühren, bis die Sauce dick und geschmeidig ist. Curry, Ingwer und Cayennepfeffer sowie Zitronensaft hinzufügen.

3. Die Shrimps und die Bananen hinzufügen und darin erwärmen. Nicht mehr kochen! Servieren Sie dazu Reis.

Ergibt 6 Portionen

Gefülltes Hühnchen westindische Art

Ein altes Rezept aus Haiti mit Original Guinea-Hähnchen. Natürlich schmeckt es genausogut mit einem normalen Haushuhn, Hähnchen oder auch Truthahn aus unseren Breiten.

Für die Füllung:
3 Tassen ungewürzte Brotwürfel
4 große Bananen (Del Monte), grob zerdrückt
Schale und Saft einer unbehandelten Zitrone
1 EL brauner Rum
1 Spritzer Tabasco-Sauce
1/4 TL Zimt
1/4 TL Muskat
1/8 TL Nelkenpulver
1 TL Salz
1 Hähnchen (etwa 2 kg)

Für die Marinade:
1/4 Tasse Zitronensaft
1/4 Tasse brauner Rum
1–2 Spritzer Tabasco-Sauce
2 EL Pflanzenöl

1. Den Ofen auf 250° C vorheizen.

2. In einer großen Schüssel alle Füllzutaten mischen.

3. Das Hähnchen waschen und trockentupfen. Mit dem restlichen Zitronensaft einreiben.

4. Das Hähnchen locker mit der Masse füllen und in eine Bratreine setzen. 1 1/2 Stunden braten, dabei immer wieder mit der Marinade bepinseln.

Ergibt 4 Portionen

Seezunge „Key West"

Dieses Gericht verbindet all die nahrhaften Annehmlichkeiten, mit denen Key West von der Natur reich gesegnet ist. Falls Seezungen nicht erhältlich sind, können Sie auch einen anderen weißen Fisch, etwa Kabeljau oder Scholle, verwenden.

1 kg Seezungenfilets
2 reife Bananen, in Stücken
1/2 Tasse Mayonnaise
Schale und Saft von
1/2 unbehandelten Zitrone
1/8 TL gemahlener Ingwer
1/4 TL weißer Pfeffer
1/2 Tasse Pecannüsse, halbiert und leicht geröstet

1. Den Backofen auf 250° C vorheizen. In einer Pfanne etwas Fett erhitzen. Die Fischfilets waschen, trockentupfen und in die Pfanne geben.

2. Die Bananen, Mayonnaise, Zitronensaft, Ingwer und Pfeffer im Mixer fein pürieren. Die Zitronenschale hineinrühren.

3. Die Bananensauce auf die Filets streichen und das Ganze 10 bis 12 Minuten überbacken. Die Seezungenfilets mit Pecannüssen und mit dünnen Zitronenscheiben garnieren.

Ergibt 4 Portionen

DIE KUNST, AUF EINER BANANENSCHALE

AUSZURUTSCHEN

Bei Anna soll es so gewesen sein: Sie stolperte, fiel nach hinten und landete zukunftsbestimmend in einer Kiste Bananen. Sie begriff den Sturz nicht als Strafe, sondern als Chance, hieß fürderhin Anna Banana und lebt seit nunmehr 20 Jahren ausschließlich für die Gelbfrucht. Der krachende Aufsetzer also nicht als Mißgeschick, sondern als vitale Äußerung eines schnellen Wechsels von einer in die andere Lage: als Guter Rutsch von einer in eine neue Situation.

So gesehen ist der übliche Neujahrswunsch in unseren Breiten eher ein Bananenwunsch.

Nur eine Bananenschale, das haben breit angelegte Straßenbefragungen ergeben, garantiert einen guten, optisch einwandfreien Rutsch. Zum Beispiel ins Neue Jahr. In den Urlaub. In eine neue Liebe. In die Steuerprüfung.

Wer einmal auf einer gut belegten Pizza ausgerutscht ist oder in einer Portion Spaghetti mit Reibekäse, wird die Führung vermißt haben, die die eindeutige Form und die sanfte Flächigkeit der Bananenschale für den Stürzenden garantiert.

In diesem Zusammenhang sei auf einen landsmannschaftlichen Seitenaspekt verwiesen, der nicht nur für den Volkskundler von Interesse sein dürfte: Das traditionelle Ausrutschen auf den Neujahrskarpfen. Zwar garantiert der Fisch auch eine gute Führung im Aufbau der Luftnummer, aber die körperbetonte Wölbung der Unterlage läßt den „Guten Rutsch" im marginalen Randbereich oft zu unschönen Verzerrungen ausarten. Fischstürze werden im Vergleich zu den Bananenstürzen sehr oft, besonders von Frischstürzlern, seitlich verrissen. Und das kostet, wie wir wissen, wertvolle Punkte.

Hier ein optisches Beispiel aus Österreich, die an die schöne Tradition des Karpfensturzes anknüpfen, sich aber auch für das Neue, den Bananensturz, begeistern können.

NA DENN... GUTEN RUTSCH!

Geradezu klassisch fliegt papan, der bekannte Cartoonist aus Köln. Weit gestreckte Arme. Hohlkreuz, sehr schön durchgedrückt. Betonter Hinterkopf, der zu dem opulenten Landegeräusch des ausgeatmeten POFF noch ein feinziseliertes KNACKS der Hinterhauptschale einspielt.

DIE ERSTEN SCHRITTE IM GOLDENEN WESTEN SIND NICHT EINFACH....

Ganz anders dagegen der Kriki-Flieger. Bei gleicher Grundfigur, Antritt von links, die Schale fliegt nach rechts aus dem Bild, macht hier der Flieger einen Rundbuckel. Er gibt offenbar dem stereophonen, zweisilbigen Landegeräusch RAWUMM die besseren Chancen.
Allerdings versucht er durch geschickte Plazierung der Hände im Gesäßbereich den Sturz daselbst etwas zu mildern.
Selbst beim Bananenstürzen,

wie wir der Figur von Lothar Otto aus Leipzig entnehmen können, landen die eingeschworenen Ossis auf dem Bauch. Eine interessante Interpretation, spricht doch der ständige Blickkontakt mit der Erde für eine völlig andere Sicht auf die Dinge.

SCHEISS-WIEDER-VEREINIGUNG!

Lothar Otto

Daß auch gerade ältere Menschen das Recht für sich reklamieren, aktiv am sozial-stürzlerischen Leben teilzuhaben und den Jungspunden in vielem durchaus „die Show stehlen" können, zeigt das Bild von Don Martin aus MAD. Hier demonstriert eine ältere Teilnehmerin den Bananensturz in voller Montur, also Stock, Handtäschchen, Brille, Hut.

Oder nehmen wir die beiden älteren Herren, Stan und Olli, die als Erfinder der Tortenschlacht in die Kinogeschichte eingegangen sind. Auch da war eine Bananenschale der Auslöser für eine gekrümmte Flugbahn die die Torte nicht auf dem Tisch, dafür aber in einem Gesicht landen ließ.

Daß die Welt anders geworden ist – die Politiker unserer Tage sprechen da vom Wertewandel –, werden wir an dem Tag merken, wenn die Bananen auf uns ausrutschen. Solange Politiker aber auf den Bananenschalen ausrutschen,

die zwangsläufig in einer Bananenrepublik herumliegen, ist die Welt noch völlig in Ordnung. Morgens um sieben oder sonstwann am Tage.

Bananen „Mac"

Erst war es wohl das Krümelmonster aus der Sesamstraße, das gierig hinter jedem Keks herkrakeelte. Dann zeigte uns die TV-Werbung, wie ein briefmarkenähnlicher Viereck-Keks, sofern er in einen spannungsreichen, stummen Moment hineinbricht, für Aufmerksamkeit sorgen kann. Jetzt erbitten wir Ihre Aufmerksamkeit für Bananen-Kekse und -Kuchen.

4 fertig gekaufte große Windbeutel
6 mittelgroße Bananen
4 TL Zitronensaft
250 g Schlagsahne
1 Päckchen Vanillezucker
150 g frische Himbeeren
4 EL Himbeergeist

1. Die Windbeutel einmal quer durchschneiden. 4 Bananen schälen, in Scheiben schneiden, mit Zitronensaft beträufeln. Bei jedem Windbeutel die untere Hälfte mit den Bananenscheiben belegen.

2. Die restlichen Bananen ebenfalls schälen, mit der Gabel fein pürieren. Sahne steif schlagen, mit Vanillezucker süßen und das Bananenpüree unterziehen. Nun auf die mit Bananenscheiben belegten Windbeutelhälften die Bananensahne streichen. Die Windbeutel wieder zusammensetzen.

3. Die verlesenen Himbeeren (möglichst nicht gewaschen) und Himbeergeist mit dem elektrischen Handrührgerät fein pürieren und zu gleichen Teilen über jeden Windbeutel gießen oder separat dazu reichen.

Ergibt 4 Portionen

Bananen-Ingwer-Sahne-Roulade

Lieber als die übliche Geburtstagstorte backe ich diese Bananen-Roulade für die Geburtstagsparty einer Freundin. Sie schmeckt anders und ist immer ein großer Erfolg bei allen Geburtstagsgästen. Zugegeben sie ist ziemlich üppig, aber zu solchen Anlässen ist das ausnahmsweise erlaubt.

7 Eier, getrennt
6 EL Zucker
3/4 Tasse fein gemahlene Walnüsse
1 TL gemahlener Ingwer
Puderzucker
2 Bananen (Del Monte), längs halbiert und in dünne Scheiben geschnitten
1/4 Tasse Orangensaft
1/2 Tasse Ingwermarmelade
1 1/2 Tassen geschlagene Sahne

1. Den Backofen auf 250° C vorheizen.

2. Ein Backblech mit Backpapier auslegen und es mit Butter oder Öl einpinseln.

3. In einer großen Schüssel mit dem Handmixer das Eiweiß steif schlagen.

4. In einer anderen Schüssel mit dem Handmixer das Eigelb schlagen und dabei nach und nach den Zucker einrieseln lassen. Die Masse so lange schlagen, bis sie hell und schaumig ist.

5. Mit einer hölzernen Spatel das Eiweiß unter das Eigelb heben, aber nicht zu sehr verrühren, sonst fällt die Masse zusammen. Walnüsse und Ingwer vorsichtig darunterrühren.

6. Den Biskuitteig mit der Spatel auf das Backpapier streichen und gleichmäßig verteilen.

7. 30 bis 35 Minuten goldgelb backen, bis der Kuchen bei Berührung etwas zusammenfällt.

8. Den Biskuitboden aus dem Backofen nehmen. Mit einem feuchten Tuch bedecken und auf ein Kuchengitter stürzen, auskühlen lassen.

9. Sobald der Biskuit ausgekühlt ist, das Tuch abziehen und ihn mit Puderzucker bestreuen. Den Biskuitboden auf ein großes Backpapier stürzen und das alte Backpapier vorsichtig abziehen.

10. Die Bananenstückchen in eine Schüssel geben und mit Orangensaft beträufeln, sorgfältig darin wenden, damit die Bananen ganz von dem Saft bedeckt sind. Restliche Flüssigkeit abgießen.

11. Die Ingwerkonfitüre unter die Schlagsahne heben und gut mischen. Die Bananenstückchen hinzufügen.

12. Diese Mischung auf den Biskuitboden streichen. Den Biskuitboden mit Hilfe des Backpapiers vorsichtig zu einer Roulade aufrollen. Die Roulade mit Puderzucker bestäuben.

Ergibt 8 bis 10 Portionen

Bananen-Limetten-Tarte

Wahrscheinlich heißt die Tarte abends, wenn sie abgeschminkt ist, auch nur wieder Torte. Aber tagsüber klingt das schon mal sehr gut.

Für den Teig:
100 g Dinkel, 70 g Weizen, zusammen fein gemahlen
50 g Vollrohrzucker (Naturkostladen/Reformhaus)
1/4 TL Vanille, gemahlen (Reformhaus)
80 g kalte Butter
1 kleines Ei
Butter für die Form

Für den Belag:
100 ml Sahne (30% Fett)
4 Limetten
1 Ei
1 Eigelb
2 1/2 EL Akazienhonig
50 g Mandeln, fein gemahlen
3 mittelgroße Bananen (300 g)
1 TL Limettensaft

1. Das Mehl mit dem Vollrohrzucker und der Vanille mischen. Die Butter in Flöckchen darüber verteilen und mit den Fingern gleichmäßig verkrümeln. Das Ei dazugeben und mit den Knethaken der Küchenmaschine alles zu einem Mürbeteig verkneten.

2. Den Teig zugedeckt 30–60 Minuten kühlen.

3. Den Backofen auf 200° C vorheizen.

4. Die Form einfetten. Mit dem ausgerollten Teig auslegen, einen Rand von 2 1/2 cm formen. Den Teigboden mehrfach einstechen. Im Backofen (zweite Schiene von unten) 15 Minuten vorbacken.

5. Inzwischen die Sahne steif schlagen.

6. Die Limetten heiß abwaschen und abtrocknen. 3 Limetten abreiben und auspressen.

7. Das Ei, das Eigelb, den Honig und 3 EL Limettensaft in einem hohen Rührgefäß schlagen. 2 TL Limettenschale und die Mandeln unterziehen. Die Sahne unterheben.

8. Eine Banane in dünne Scheiben schneiden und mit etwas Abstand auf den vorgebackenen Kuchen legen. Die Creme darüber verteilen.

9. Die Tarte im Backofen (Mitte) bei 180° C etwa 25 Minuten backen, bis sie goldgelb ist und sich die Oberfläche fest anfühlt. Die Tarte abkühlen lassen und auf eine Tortenplatte heben.

10. Die vierte Limette in dünne Scheiben schneiden, vierteln. Die Banane in Scheiben schneiden. Die restliche Limonenschale 1 cm vom Rand der Tarte entfernt aufstreuen. Die Bananenscheiben vor dem Belegen mit Limettensaft bepinseln, dann kreisförmig auflegen. Einige Bananen- und Limettenscheiben in die Mitte legen.

Ergibt 1 Tarte oder Springform von 24 cm Ø.

Bananen-Mokka-Torte

Bananen, Kaffee und Kakao kommen aus denselben Anbaugebieten, kein Wunder, daß ihre Kombination so gut schmeckt.

2 sehr reife Bananen
1 TL Instantkaffee
1 1/4 Tassen Mehl
2/3 Tassen Zucker
1/4 Tasse Speisestärke
2 EL Kakaopulver
1 TL Backpulver
1/2 TL Salz
1 Ei, leicht verschlagen
1/3 Tasse Pflanzenöl
1 EL Essig
1 TL Vanillezucker

1. Den Backofen auf 250° C vorheizen. Eine quadratische Kuchenform (20 x 20 x 5 cm) ausfetten.

2. Die Bananen grob zerkleinern und in den Mixer geben. Auf höchster Stufe pürieren. Das Kaffeepulver dazugeben und mixen.

3. In einer großen Schüssel Mehl, Zucker, Speisestärke, Kakao, Backpulver und Salz mit einer Gabel mischen.

4. Eine Mulde in die Mehlmischung drücken. Die Bananenmischung, Ei, Öl, Essig und Vanillezucker hineingießen. Alles mit der Gabel gut mischen.

5. Den Teig in die Kuchenform geben und ihn 30 Minuten backen. Zur Garprobe einen Zahnstocher hineinstecken, bleiben keine Teigreste hängen, ist der Kuchen durchgebacken. Die Form aus dem Backofen nehmen und auf dem Kuchengitter 10 Minuten auskühlen lassen. Den Kuchen stürzen und vollständig auskühlen lassen. Sobald der Kuchen ausgekühlt ist, die halbgefrorene Mokkacreme darauf geben.

Halbgefrorene Mokkacreme

3 EL weiche Butter
1 1/2 Tassen gesiebter Puderzucker
2 EL Kakaopulver
1 TL Instantkaffee
1/2 TL Vanillezucker

In einer kleinen Schüssel Butter und Puderzucker mit dem elektrischen Handmixer schaumig rühren. Die übrigen Zutaten nach und nach dazugeben und alles zu einer geschmeidigen Masse verrühren. Mindestens 2 Stunden in den Gefrierschrank geben, immer wieder durchrühren, damit die Eiskristalle zerstoßen werden.

Ergibt 1 rechteckige Torte

Uramerikanisch und natürlich bananig geht es in dem Städtchen Fulton/South Fulton zu, wenn einmal im Jahr das Internationale Bananen-Festival gefeiert wird.

Dieser eher unattraktive Ort auf der Grenze von Kentucky und Tennessee war in den frühen Tagen des Bananenhandels Zentralstelle für den Bananenvertrieb in den USA. Der Sheriff trägt einen Stern aus gekreuzten Bananen, über die polierten Holztheken der Saloons rutschen Gläser mit Banana-Shake in harte Männerfäuste, die Kinder haben eine gute Zeit.

Mañana-Eistorte

Heute backen – morgen servieren. Dies ist ein altmodischer Eisbox-Kuchen, heute tut`s ein moderner Kühlschrank genauso.

8 Tassen Cornflakes
1/2 Tasse Zucker
1/2 Tasse Butter, zerlaufen
4 große reife Bananen (Del Monte), grob zerdrückt
1 Tasse Apfelsauce
2 EL brauner Rum
1/2 TL Zimt
1/4 TL Muskat
1 Tasse Schlagsahne

1. In einer großen Schüssel die Cornflakes zerbröseln und mit dem Zucker mischen.

2. In einer großen Pfanne Butter zerlaufen lassen.

3. Die Cornflakes mit Zucker in die Pfanne geben und unter ständigem Rühren den Zucker auflösen. Die Pfanne vom Herd nehmen und beiseite stellen.

4. In einer mittelgroßen Schüssel die Bananen pürieren und die Apfelsauce, den Rum, Zimt und Muskat hinzufügen.

5. Eine quadratische (10 x 10 cm) Auflaufform ausbuttern.

6. Die Cornflakes und die Bananenmischung schichtweise hineingeben, mit den Cornflakes beginnen und enden. Dabei die Schichten gut andrücken.

7. Mit einer Folie bedecken und 24 Stunden in den Kühlschrank stellen.

8. Mit der Schlagsahne servieren.

Ergibt 6 bis 8 Portionen

„Sag mal, ist das nicht die Platte mit dem Cover mit der Banane mit dem Warhol?" So oder ungefähr so reagieren viele, wenn die Sprache auf die Kultband „Velvet Underground" und das von Andy Warhol gestaltete Cover, eine Banane, kommt. Warhol hat einen ganz entscheidenden Beitrag dazu geleistet, aus der Banane eine Kultfrucht zu machen.

Bananen-Rum-Rosinen-Kuchen

Dies ist eine wunderbare Mischung aus Gewürzen, Früchten und Rum – die Krönung eines Abendessens mit lieben Gästen.

Es sei denn, Sie haben den Vorstand der Anonymen Alkoholiker eingeladen. Dann lassen Sie einfach den Rum weg, auf gar keinen Fall die Bananen, es sei denn, Sie haben die Anonymen Bananiker zu Gast, dann lassen Sie am besten den Nachtisch weg und zeigen Urlaubsdias.

1/2 Tasse Butter
1 1/2 Tassen brauner Zucker
3 Eier
3 mittelgroße Bananen, grob zerdrückt
2 1/2 Tassen Mehl
1 TL Backpulver
1/2 TL Salz
2 TL Piment
1/4 Tasse Milch
3/4 Tasse brauner Rum
1 Tasse Rosinen, in Mehl gewälzt
1/3 Tasse Aprikosenmarmelade
2 EL brauner Rum

1. Den Backofen auf 220° C vorheizen. Eine Kuchenform einfetten.

2. In einer großen Schüssel mit dem elektrischen Handmixer Butter und Zucker verrühren. Die Eier nach und nach hinzufügen und das Ganze schaumig schlagen. Die Bananen hinzufügen und alles zu einem geschmeidigen Teig schlagen.

3. In einer großen Schüssel Mehl und Backpulver mischen und unter die Bananenmischung schlagen, dabei nach und nach Milch und Rum zugeben.

4. Die Rosinen hinzufügen.

5. Den Teig in die Kuchenform füllen und etwa 50 Minuten backen. Zur Garprobe einen Zahnstocher in die Kuchenmitte stecken, bleiben daran keine Teigreste mehr hängen, ist der Kuchen durchgebacken.

6. Den Kuchen aus dem Backofen nehmen und 10 Minuten auskühlen lassen, dann auf ein Kuchengitter stürzen und vollständig auskühlen lassen.

7. Für die Glasur: In einem kleinen Topf Aprikosenmarmelade erhitzen. Rum unter Rühren hinzufügen. Die heiße Glasur über den abgekühlten Kuchen geben.

Ergibt 12 Stücke

Bananenkuchen verkehrt

Die Hinzunahme von Bananen bei diesem Rezept ist sozusagen das Tüpfelchen auf dem Bananen-„i".

1/4 Tasse Butter
1 Tasse brauner Zucker
1 Tasse Pecannüsse
2 reife Bananen längs und quer geviertelt

Für den Teig
1/4 Tasse Butter
1 Tasse Zucker
1 Ei
Schale einer unbehandelten Orange
1 1/2 Tassen Mehl
1/4 TL Backpulver
1/4 TL Weinstein (gereinigt)
1 TL gemahlener Ingwer
1/2 Tasse Milch

1. Den Backofen auf 250° C vorheizen.

2. In einem Topf Butter zerlassen und den braunen Zucker bei mäßiger Hitze unter Rühren auflösen.

3. Den Topf vom Feuer nehmen und die Mischung in eine Kuchenform füllen. Die Pecannüsse darüberstreuen, die Bananen wagenradartig darauf arrangieren und flach drücken. Beiseite stellen.

4. Für den Teig in einer mittelgroßen Schüssel mit dem elektrischen Handrührer Butter und Zucker schaumig schlagen. Ei und Orangenschale hinzufügen und das Ganze schaumig schlagen.

5. Alle übrigen Zutaten mit der Milch darunterschlagen.

6. Den Teig über den Zucker und die Bananen in die Form füllen.

7. Den Kuchen in den Backofen stellen, etwa 25 Minuten backen und die Garprobe mit dem Zahnstocher machen. Verbleiben keine Teigreste mehr am Zahnstocher, ist der Kuchen durchgebacken.

8. Die Form aus dem Backofen nehmen und den Kuchen sofort auf eine hitzebeständige Platte stürzen. Vor dem Servieren auskühlen lassen.

Ergibt 8 Stücke

Josephines Bananenmürbe-küchlein

Ein französischer Akzent für einen beliebten amerikanischen Kuchen. Er ist benannt nach Josephine Baker, die die Banane in Paris, allerdings mehr auf der Bühne und mehr an der Hüfte, unsterblich gemacht hat.

3 große reife Bananen, in Scheiben
1/3 Tasse Orangensaft
2 EL Grand Marnier

Für den Mürbeteig
2 Tassen Mehl
4 EL Backpulver
2 EL Zucker
1/2 Tasse Butter
2/3 Tasse Milch
Schale einer unbehandelten Orange
1 Tasse Schlagsahne
1 Tasse Orangenmarmelade

1. Den Backofen auf 250° C vorheizen und ein Blech einfetten.

2. In einer mittelgroßen Schüssel die Bananenscheiben mit Orangensaft und Grand Marnier beträufeln. Kalt stellen.

3. In einer großen Schüssel Mehl, Backpulver, Zucker und Butter mit dem Knethaken zu einem geschmeidigen Teig verarbeiten. Milch und Orangenschale hinzufügen.

4. Auf einer bemehlten Arbeitsfläche den Teig gut durchkneten und dann in 8 Portionen teilen. Mit bemehlten Händen Bällchen formen und diese leicht flach drücken. Die Mürbeteigküchlein auf das Backblech setzen und sie 12 Minuten goldgelb backen. Das Blech aus dem Ofen nehmen und die Küchlein auf dem Kuchengitter auskühlen lassen.

5. Jedes Küchlein aufschneiden und mit einem Löffel Marmelade füllen, die Bananenmischung obendrauf setzen. Die Küchlein mit Schlagsahne und Bananenstücken servieren.

Ergibt 8 Küchlein

Bananen-Ingwer-Kekse

So können Vanillekekse ein himmlisches Vergnügen sein, sofern der Himmel voller Bananen hängt.

1/2 Tasse Butter
1/2 Tasse Zucker
1/2 Tasse brauner Zucker
1 Ei
1 große reife Banane, grob zerdrückt
2 EL frisch geriebener Ingwer
1 EL Mehl
1 TL Backpulver

1. Den Backofen auf 220° C vorheizen. Ein großes Backblech einfetten.

2. In einer großen Schüssel mit dem elektrischen Handrührer Butter cremig schlagen. Den Zucker einrieseln lassen und das Ganze schaumig rühren. Das Ei hinzufügen und alles gut verschlagen.

3. Das Bananenmus und den Ingwer dazugeben. Das Mehl und das Backpulver nach und nach darunterrühren, dazwischen immer gut verschlagen.

4. Mit dem Eßlöffel aus der Masse Teigtaler ausstechen und sie im Abstand von 5 cm auf das Backblech setzen. 12 Minuten backen, bis die Kekse an den Rändern goldgelb und knusprig sind.

5. Das Blech aus dem Backofen nehmen und die Kekse auskühlen lassen.

Ergibt etwa 4 Dutzend Kekse

Schokoladenchips „Tropical"

Stellen Sie sich vor, Sie müßten Schokoladenchips herstellen, wie sie nur auf Tahiti hätten erfunden werden können, dann müßten sie wie die hier sein.

1/2 Tasse Butter
1/2 Tasse Zucker
1/2 Tasse brauner Zucker
1 Ei
2 reife Bananen, grob zerdrückt
1 Tasse Mehl
1/2 TL Backpulver
1 Tasse geriebene Kokosnuß oder Kokosflocken
200 g Schokoladenchips (halbbitter)

1. Den Ofen auf 250° C vorheizen. Ein Backblech einfetten.

2. In einer großen Schüssel mit dem elektrischen Handrührer die Butter cremig schlagen. Den Zucker einrieseln lassen und das Ganze schaumig rühren. Das Ei daruntermischen. Die Bananen hinzufügen und alles gut verrühren.

3. Mehl und Backpulver nach und nach hinzufügen, dazwischen gut vermengen.

4. Die Kokosflocken und die Schokoladenchips mit einem Löffel darunterheben.

5. Aus der Masse mit dem Eßlöffel Teigtaler abstechen und sie auf das Blech im Abstand von 5 cm setzen. 12 Minuten backen, bis sie am Rand goldbraun und knusprig sind. Das Blech aus dem Backofen nehmen und die Kekse auf einem Kuchengitter auskühlen lassen.

Ergibt 2 1/2 Dutzend Kekse

Bananen-Hafer-flocken-Kekse

Diese Kekse sind vollwertig und schmecken so köstlich, daß man die Keksbüchse gut verstecken muß.

3/4 Tasse Butter
1/2 Tasse Zucker
1/2 Tasse brauner Zucker
1 Ei
1 1/2 Tassen Mehl
1 TL Salz
1/2 TL Muskat
1/2 TL Zimt
1/2 TL Nelkenpulver
1 TL Backpulver
1 Tasse Haferflocken
2 große Bananen, grob zerdrückt
1 TL Vanillezucker

1. Den Backofen auf 250° C vorheizen.
Ein Backblech einfetten.

2. In einer großen Schüssel mit dem elektrischen Handmixer die Butter cremig schlagen. Den Zucker unter Rühren einrieseln lassen. Das Ei hinzufügen und alles schaumig rühren.

3. Das Mehl mit dem Salz, den Gewürzen und dem Backpulver nach und nach darunterrühren, dazwischen gut verschlagen.

4. Die Haferflocken, die Bananen und den Vanillezucker darunterrühren.

5. Aus dem Teig mit dem Eßlöffel Teigtaler ausstechen und sie im Abstand von 5 cm auf das Blech setzen. 12 bis 15 Minuten backen, bis sie am Rand goldbraun und knusprig sind. Das Blech aus dem Backofen nehmen und die Kekse auf einem Kuchengitter auskühlen lassen.

Ergibt etwa 3 Dutzend Kekse

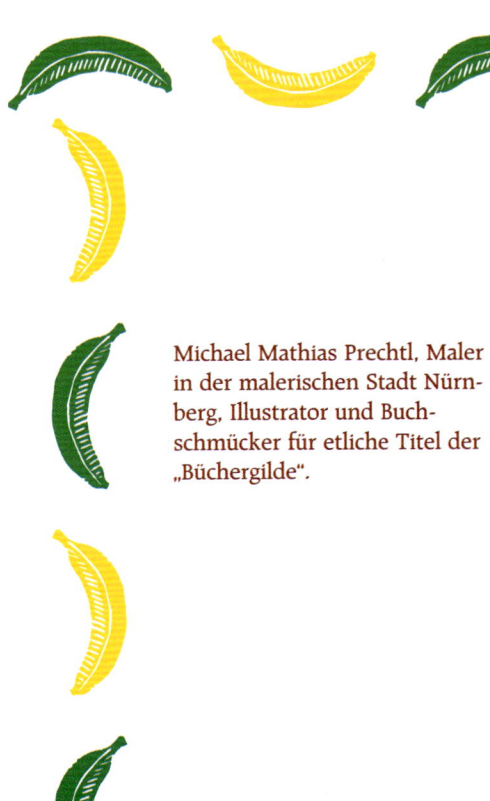

Michael Mathias Prechtl, Maler in der malerischen Stadt Nürnberg, Illustrator und Buchschmücker für etliche Titel der „Büchergilde".

Erdnußbutter-Bananen-Kekse

Diese Kekse sind luftiger als herkömmliche Kekse aus Erdnußbutter und, natürlich, bananiger.

1/4 Tasse Butter
1/2 Tasse Zucker
1/2 Tasse brauner Zucker
1 Ei
1 TL Vanillezucker
1/2 Tasse Erdnußbutter
1 1/2 Tassen Mehl
1 TL Backpulver
2 mittelgroße Bananen, grob zerdrückt

1. Den Backofen auf 250° C vorheizen.
Ein Backblech ausfetten.

2. In einer großen Schüssel mit dem elektrischen Handrührer die Butter cremig schlagen. Den Zucker einrieseln lassen und alles schaumig schlagen. Das Ei und den Vanillezucker hinzufügen und nochmals cremig schlagen. Die Erdnußbutter hinzufügen und gut verschlagen.

3. Das Mehl und das Backpulver nach und nach hinzufügen, dazwischen gut verrühren. Die Bananen darunterheben und das Ganze gut mischen.

4. Aus dem Teig mit dem Eßlöffel Teigtaler ausstechen und sie auf das Blech im Abstand von 5 cm setzen. 12 Minuten backen, bis sie an den Rändern goldbraun und knusprig sind. Das Blech aus dem Backofen nehmen und die Kekse und auf einem Kuchengitter auskühlen lassen.

Ergibt etwa 2 1/2 Dutzend Kekse

Altmeisterlich der Geschichte und der Kunst gleichermaßen verpflichtet und zugleich im Detail verschmitzt gebrochen. Die Bilder Prechtls sind Fingerabdrücke seiner Existenz – und erkennungsdienstliche Hinweise auf ein feines Gelächter. Prechtls Prachtbanane ist nur Banane. Das genügt völlig.

Bananen-Sechs-korntaler

Daß sich Gegensätze anregen und steigern, kennt man aus vielen Partnerschaften. Der Chicorée, ein Zapfen, dessen Herbheit aus dem Dunkel der Erde kommt, und die Banane, ein luftiger Zapfen verhaltener Süße.
Kontrapunktisch würde man das in der Musik und der Dichtkunst nennen. Ein Gedicht ist deswegen auch manches Rezept.
Zum Beispiel das folgende:

20 g Butter
1 mittelgroße Banane
Salz, Zitronenpfeffer
2 Scheiben Sechskornbrot
(à 40 g)
1 Staude Chicorée
8 Scheiben Bündnerfleisch
(50 g)
1 TL Zitronensaft
1 TL Wasser
8 Blättchen Zitronenmelisse

1. Die Banane schälen und in 8 Scheiben schneiden.

2. Die beiden Endstücke mit der Butter, etwas Salz und dem Zitronenpfeffer zerdrücken. Die restlichen Bananenscheiben mit dem Zitronensaft beträufeln.

3. Mit einem Ausstecher (4 cm Ø) 8 Taler aus dem Brot ausstechen. Mit der Bananenbutter bestreichen.

4. Von dem Chicorée die unteren Enden abschneiden, auf die Taler setzen, so daß die Spitzen noch sichtbar sind. Die Taler mit den Bananenscheiben belegen und mit je 1 Zitronenmelisse-Blättchen garnieren.

Bananen-Orangen-Schoko-laden-Schnitten

Orange und Schokolade sind eine klassische Kombination. Der Überraschungseffekt sind hier die versteckten Bananen.

Für den Boden:
1 1/4 Tassen Schokoladen-kuchenbrösel
1/4 Tasse zerlaufene Butter
1/4 Tasse Zucker

1. Den Backofen auf 200° C vorheizen und eine Kasten-form einfetten.

2. In einer mittelgroßen Schüssel alle Zutaten mit einer Gabel gut mischen.

3. Die Bröselmischung in die Kastenform füllen und rund-herum gut andrücken.
10 Minuten backen. Aus dem Ofen nehmen und vor dem Füllen gut auskühlen lassen.

Für die Creme:
180 g aufgetautes Orangen-konzentrat
420 g Kondensmilch
abgeriebene Schale einer unbehandelten Orange
240 g Quark, zimmerwarm
2 reife Bananen, in Scheiben

1. Den Orangensaft, die Kondensmilch, Orangenscha-le und Frischkäse im Mixer auf mittlerer Stufe in mehre-ren Sekunden zu einer geschmeidigen Creme pürie-ren. Mit dem Messer die Schnittprobe machen. Nochmals zugedeckt auf höchster Stufe 30 Sekunden mixen.

2. Den abgekühlten Kuchen-boden mit den Bananen-scheiben belegen. Die Oran-gen-Frischkäse-Mischung darüber verteilen und das Ganze in den Kühlschrank stellen.

Ergibt 1 Kastenkuchen = ca. 8 Schnitten

Bananen-Creme-Schnitten „Havana"

Fidel Castro hat diese Schnitten nach diesem Rezept sicher noch nie probiert. Sie schmecken vollmundig und einfach köstlich – lassen sich aber nicht zu Zigarren weiterverarbeiten.

Für den Kuchenboden:
1 1/3 Tassen fein zerbröselte Graham Cracker
1/2 Tasse grob gehackte Pecannüsse
1 TL Zimt
1/4 Tasse Zucker
6 EL zerlaufene Butter

1. Den Backofen auf 200° C vorheizen und eine Kastenform ausbuttern.

2. In einer mittelgroßen Schüssel alle Zutaten mit einer Gabel gut mischen.

3. Die Masse in die Form füllen und rundherum gut andrücken.

Für die Creme:
1 Tasse Schlagsahne
2 Eier
3 EL Mehl
1/3 Tasse brauner Rum

1. In einer Schüssel alle Zutaten gut mischen.

2. Die Creme auf dem Kuchenboden sorgfältig verteilen und das Ganze etwa 20 Minuten backen, bis die Creme fest geworden ist. Zur Garprobe ein Messer hineinstechen, bleibt die Schneide sauber, ist der Kuchen durchgebacken. Die Form aus dem Backofen nehmen und den Kuchen auskühlen lassen. Sie können die Schnitten auch in den Kühlschrank stellen und kalt servieren.

Für den Belag:
2 mittelgroße Bananen, in hauchdünnen Scheiben
1/4 Tasse Orangensaft

Die Bananenscheiben in Orangensaft tauchen, damit sie nicht braun werden. Abtropfen lassen und den Kuchen damit belegen. Am Außenrand beginnen und zur Mitte hin arbeiten, die Bananenscheibchen überlappen lassen.

Ergibt 1 Kastenkuchen = ca. 8 Schnitten

Bananen-Daiquiri-Schnitten

Diese leichten Schnitten stecken voller tropischer Aromen!

Für den Boden:
2 1/2 Tassen gesüßte
Kokosflocken
1/4 Tasse sehr weiche Butter

1. Den Backofen auf 180°C vorheizen.

2. Kokosnuß und Butter gut mischen und die Masse in eine ungefettete Kastenform streichen. Gut rundherum andrücken.

3. 25 Minuten goldbraun backen. Die Form aus dem Backofen nehmen und den Kuchen vor dem Füllen gut auskühlen lassen.

Für die Creme:
1 Blatt Gelatine
1/3 Tasse heller Rum
1/4 Tasse kochendes Wasser
3 EL Limettensaft
1/2 Tasse Zucker
2 sehr reife Bananen,
in Stücken
1 Tasse Schlagsahne
1/2 TL abgeriebene Schale
einer unbehandelten Limone

1. Rum in den Mixer gießen. Die Gelatine darübergeben und 5 Minuten darin aufgehen lassen.

2. Das kochende Wasser hinzufügen und das Ganze auf höchster Stufe mixen. Den Limettensaft und den Zucker hinzugeben. Weitere 30 Sekunden mixen. Die Bananen hineingeben und das ganze geschmeidig pürieren.

3. Die Bananenmischung in eine große Schüssel füllen und etwa 20 Minuten kalt stellen, bis sie sirupartig wird.

4. In einer kleinen gekühlten Schüssel die Sahne flockig, aber nicht steif schlagen.

5. Die geschlagene Sahne und die Limettenschale unter die gekühlte Bananencreme heben.

6. Auf den vorbereiteten Boden gießen und bis zum Servieren gut kühlen.

Ergibt eine Kastenform = 8 Schnitten

Über die Reifegrade von Bananen

● Unreife, grüne oder noch grüne Bananen:
Das Fruchtfleisch unreifer Bananen ist sehr fest und stärkehaltig. Sie sind gut zum Kochen, Backen oder Fritieren.

● Feste, gelbe Bananen:
Das Fruchtfleisch ist fest, aber süß und mehlig im Geschmack. 80 bis 90 Prozent der Stärke sind bereits in Zucker umgewandelt. Man ißt sie am besten roh.

● Braune, fleckige oder vollreife Bananen:
Das Fruchtfleisch dieser Bananen ist zart, weich und sehr süß. Natürliche Enzyme haben die Stärke in Zucker umgewandelt, also je reifer, desto süßer. Bananen in diesem sehr reifen Stadium lassen sich bestens zum Backen, für Drinks und Babynahrung verwenden.

Clafoutis „Banana Tropical"

Ein klassisches französisches Rezept mit einem tropischen Akzent. Zu diesem Gericht gehören Bananen und Kokosnuß ebenso wie Äpfel und Kirschen. Ich habe es zum erstenmal auf Martinique gegessen.

3 große Bananen, längs halbiert
1/2 Tasse geraspelte Kokosnuß
3 Eier
1 Tasse helles und dunkles Bier
1/4 Tasse brauner Rum
1/2 Tasse Zucker
1/2 Tasse Mehl
1/8 TL Muskat

1. Den Backofen auf 200° C vorheizen. Eine Kastenform einfetten.

2. Die Bananenhälften in die Form setzen und mit der geraspelten Kokosnuß bedecken.

3. Die übrigen Zutaten in den Mixer geben, auf höchster Stufe eine Minute pürieren, nach 30 Sekunden stoppen und die Creme zwischendurch von den Wänden streichen.

4. Die Creme über die Bananen streichen und das Ganze etwa 45 Minuten goldbraun backen. Entweder heiß oder eiskalt servieren.

Ergibt 6 Portionen

Der Welt größter Bananenpudding auf dem Internationalen Bananen Festival.

Man braucht dazu:
3.000 Bananen, in Scheiben
250 Pfund Vanillekekse
950 Pfund Bananenpudding und -füllung

So geht's:
Eine 1,50 breite und 90 cm tiefe Schüssel mit den Bananenscheiben füllen. Darüber abwechselnd die Vanillekekse und den Pudding schichten. Ergibt etwa 10.000 Portionen!

Himmlischer Bananen-Brot-Pudding (Scheiterhaufen)

Nehmen Sie einfach Großmutters Brotpudding-Rezept, fügen Sie Bananen hinzu und Sie erhalten eine himmlische Version!

4 TL weiche Butter
8 Scheiben Zimt-Rosinen-Brot
2 große Bananen (Del Monte), in 1 cm breiten Scheiben
3 Eier
2 Tassen helle und dunkle Biermischung (?)
1/2 Tasse Zucker
2 EL Sherry
1/4 TL Muskat
1 TL Vanillezucker

1. Eine Auflaufform einfetten. Die Brotscheiben mit Butter bestreichen.

2. Mit den gebutterten Seiten nach unten die Brot- und Bananenscheiben abwechselnd in die Form schichten, mit dem Brot beginnen und enden.

3. Die restlichen Zutaten in den Mixer geben. Auf höchster Stufe 30 Sekunden pürieren. Die Mischung vorsichtig über die Brot- und Bananenscheiben verteilen und das Ganze 30 Minuten durchziehen lassen. Butter in Flöckchen obendrauf setzen.

4. Den Backofen auf 200°C vorheizen.

5. Den Pudding locker mit Folie bedecken und 30 Minuten backen. Die Folie entfernen und etwa 15 Minuten weiterbacken, bis die Oberfläche goldbraun wird und Blasen wirft. Heiß oder gekühlt servieren.

Ergibt 8 Portionen

Krustige Sherrybananen

Ein Königreich für diese knusprigen Bananenknusper! O.K., ein halbes.

4 große Bananen, in 1 cm dicken Scheiben
Saft von 2 Zitronen
2 große Eier
1/4 Tasse Sherry
1/4 Tasse Zucker
abgeriebene Schale einer unbehandelten Zitrone
1/4 TL Muskat
1/2 Tasse geschlagene Sahne

1. Den Backofen auf 200° C vorheizen. Eine Auflaufform einfetten.

2. Die Bananenscheiben in die Auflaufform hineinschichten und mit dem Zitronensaft beträufeln. Beiseite stellen.

3. Die Eier sorgfältig trennen, die Eidotter in eine große Schüssel geben und das Eiweiß in eine andere.

4. Mit dem Handmixer das Eiweiß steif, aber nicht zu steif schlagen.

5. In einer eigenen Schüssel das Eigelb mit dem Sherry verschlagen. Zucker, Zitronenschale und Muskat hinzufügen und das Ganze schaumig und hell aufschlagen.

6. Mit einer Holzspatel das Eiweiß unter das Eigelb heben, zum Schluß die Schlagsahne darunterheben.

7. Die Biskuitmasse auf die Bananenscheiben streichen und das Ganze 30 Minuten backen. Den Auflauf aus dem Backofen nehmen und heiß servieren.

Ergibt 6 Portionen

Bananen „Al Forno"

Mandeln und Honig und Hitze. Und dann, wie ein kurzes Schlagzeugsolo: grob gestoßener Pfeffer. Wie gesagt, rein musikalisch.

4 mittelgroße Bananen
3 EL Honig
100 g Mandelblättchen
20 g Butter
8–10 EL Tomatenketchup
2 Knoblauchzehen
1 mittelgroße Zwiebel
einige Blättchen Salbei
(oder Estragon, Basilikum, Zitronenmelisse)
Salz, grob gestoßener Pfeffer

1. Bananen schälen, längs halbieren, mit Honig bestreichen, in eine feuerfeste, flache Form geben.

2. Mandelblättchen in einer Pfanne ohne Fett goldbraun rösten, über die Bananen streuen.

3. Butter in kleinen Flöckchen zu den Bananen in die Form geben, die Hälfte der kleingeschnittenen Salbeiblättchen darüberstreuen, ca. 10 Minuten bei mittlerer Hitze im Backofen backen.

4. Tomatenketchup, ausgepreßten Knoblauch, gehackte Zwiebel und restlichen Salbei zu einer Sauce verrühren. Mit Salz und grob gestoßenem Pfeffer abschmecken. Separat zu den Honig-Mandel-Bananen reichen.

Ergibt 4 Portionen

Bananen-Charlotte mit Ahornsirup

Bananen und Löffelbiskuits sind die Grundlage dieser feinen, traditionellen Nachspeise.

1/4 Tasse kaltes Wasser
1 Päckchen Gelatine
3/4 Tasse sehr heißer Ahornsirup
2 große reife Bananen, in Stücken
1 Päckchen Löffelbiskuits
1 Tasse geschlagene Sahne
1/2 Tasse Walnußstücke

1. Kaltes Wasser in den Mixer geben. Die Gelatine hineinrieseln lassen und 5 Minuten auflösen.

2. Den heißen Ahornsirup hinzufügen. Zugedeckt 30 Sekunden mixen. Die Bananenstücke hinzufügen und das Ganze pürieren.

3. Die Mischung in eine große Schüssel geben und für etwa 45 Minuten, bis sie sirupartig wird, in den Kühlschrank stellen.

4. Eine rechteckige Auflaufform oder Kastenform mit den Löffelbiskuits bis zum Seitenrand herauf auslegen.

5. Die geschlagene Sahne und die Walnüsse unter die Creme heben und das Ganze in die ausgelegte Form füllen. Über Nacht in den Eisschrank stellen. Auf eine Servierplatte stürzen.

Ergibt 6 bis 8 Portionen

BAnAnEN

Bananen im Orbit

Irgendwie gehört es zum Wesen der Spontan-Banane, sich nicht an vorgeschriebene Flugbahnen, Dienstpläne und ballistische Kurven zu halten.
Manchmal schlägt sie dem Fänger ein Schnippchen und ist für Überraschungen gut. Manchmal geht sie ihren eigenen Weg. Manchmal fliegt sie ihn.

Der Bananenmann, das unbekannte Wesen
Schon Velourskarten aus den zwanziger Jahren machen die Richtigkeit der psychoanalytischen Betrachtungsweise deutlich: es ist nicht der Hut, der Stockschirm oder die Taschenuhr, die den Mann als unbekanntes Wesen begehrlich machen, nicht sein Alter und nicht sein Äußeres.

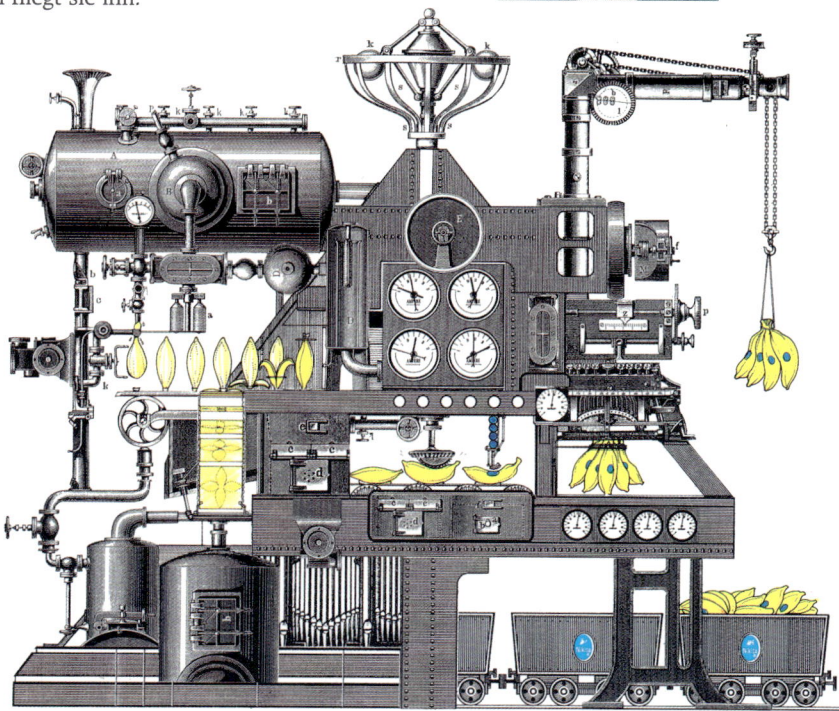

Bananen-Bieger bei der Arbeit

„Warum ist die Banane krumm?" Annäherung an die Beantwortung der immer gleichen Frage bietet das Atelier Herboth + Schüren, das das Geheimnis um ihre Bananen-Biegemaschine lüftet. Der Hobbybastler sei gewarnt: Da es sich hierbei um ein auslaufendes Modell handelt, ist der Nachbau zwecklos.

SPLiTTER

Bananenturner

Hier zeigt uns ein freudestrahlendes Fräulein Turner von „Turner's Imker Garden", Florida, was man mit einer Bananenstaude alles machen kann. Zum Beispiel eine Leiter dran stellen. Hochklettern mit Hochhackigen und den Leuten zeigen, wie hoch in Florida die Bananen hängen. Toll, Fräulein Turner. Bleiben Sie so. Sie werden sofort fotografiert.

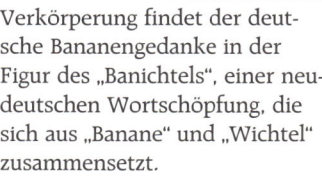

Banichtel

Verkörperung findet der deutsche Bananengedanke in der Figur des „Banichtels", einer neudeutschen Wortschöpfung, die sich aus „Banane" und „Wichtel" zusammensetzt.

Der Banichtel erfreut sich besonders bei den Verfechtern des „offensiven Deutschtums" zunehmender Beliebtheit. Beim deutschen Sandburgenbauer auf Fuerteventura, beim deutschen Caravan-Camper in Windhoek. Überall dort, wo der Landsmann Flagge zeigt, hat der Banichtel seine Chance.

Bananen(s)paß

Ehrenbürgerspaß für das Ehrenbürgerland „Bananien".

Anrecht auf einen Paß hat nur derjenige, der in Worten, Werken und Taten bereit ist, sich für die Weltgeltung der Banane einzuset-

zen. Außerdem muß er fest von der Freiheit, Gleichheit und Brüderlichkeit aller Bananen überzeugt sein und dafür eintreten, daß keine Banane wegen ihrer Linkskrümmung oder Rechtsdrehung benachteiligt wird.

Selbstzündend

Die Grenzen der Banane erfuhr ein Orang-Utan aus dem Tierpark Hellabrunn, als er die Gelbfrucht auf Silvestertauglichkeit prüfte.

Bananen au caramel

„Einen hab' ich noch", war oft genug die Standardformulierung, mit der der Alleinunterhalter dem tränenbrüllenden Publikum den nächsten Witz ankündigte.
„Eins haben wir noch."
Diesmal „Bananen au caramel". Und nach dem – das nächste. Und das nächste.

Es ist schon so, wie es ist: Bananen hören nie auf, Rezepte zu sein

250 g Erdbeeren
100 g Zucker
25 g Butter
4 mittelgroße Bananen
25 g Pistazien

1. Die Erdbeeren waschen, sehr gründlich abtropfen lassen und entkelchen.
Je nach Größe im Ganzen lassen oder halbieren.

2. Den Zucker bei nicht zu starker Hitze in einem Stieltopf unter Rühren zuerst schmelzen, dann langsam goldbraun werden lassen. Den Topf vom Herd nehmen, die Butter in kleinen Stückchen hineingeben und sofort mit einem Lochlöffel so lange unterrühren, bis eine glatte, cremige Sauce entstanden ist.

3. Die Bananen schälen, halbieren, jeweils 2 Hälften auf einem Dessertteller anrichten und mit der Caramelsauce überziehen. Mit Pistazien bestreuen und mit Erdbeeren umlegen.

Ergibt 4 Portionen

Bananen-Eiskrem ohne „Krem"

Sie können Bananen im Kühlschrank 1 bis 2 Tage frisch halten, in der Tiefkühlung halten sie sich sogar mehrere Monate.

Bananen können aufgetaut oder halbgefroren in jedem Rezept verwendet werden, das mit pürierter Banane zubereitet werden soll.

Einfrieren: Die ganzen Bananen schälen und mit Zitronensaft beträufeln, damit sie sich nicht verfärben. Die einzelnen Bananen sorgfältig in Plastikfolie luftdicht verpacken.
Mit einem Vorrat Bananen in der Tiefkühltruhe lassen sich eine ganze Reihe Bananen"-Eiskrems" zubereiten. Die Möglichkeiten sind unbegrenzt. Lassen Sie Ihrer Phantasie freien Lauf. Das Schöne an den folgenden Rezepten ist, daß sie alle fett- und cholesterinfrei sind und vollmundig schmecken.

Bananen-Erdbeer-„Eiskrem"

4 große gefrorene Bananen, in Stücken
1 Tasse geputzte und halbierte Erdbeeren
2 EL Grand Marnier

Im Mixer alle Zutaten zu einer geschmeidigen "Eis-krem" pürieren. Sofort ser-vieren oder zum Aufbewah-ren in die Tiefkühltruhe geben.

Ergibt 4 Portionen

Tip: Dieses Rezept können Sie ersatzweise durch fol-gende Zutaten variieren : frische, gefrorene oder Pfir-siche aus der Dose, Johan-nisbeeren, Aprikosen, Blau-beeren, Ananas oder Preisel-beersauce.

Früchte aus der Dose oder gefrorene Früchte unbe-dingt gut abtropfen lassen.

Bananen-Daiquiri- „Eiskrem"

Schnell! Einfach! Klasse!

4 große reife gefrorene*
Bananen, in Stücken
2 EL Limettensaft
4 EL heller Rum

1. Im Mixer alle Zutaten zu einer geschmeidigen Eiskrem pürieren.

2. Diese Eiskrem sofort servieren oder tiefgekühlt aufbewahren.

Ergibt 4 Portionen

* Siehe Seite 102

Bananen-Eiskrem „Colada"

Dies ist ein original tropisches Dessert – man kann es sowohl essen als auch trinken.

400 g Ananas aus der Dose
1/4 Tasse heller Rum
3 große gefrorene Bananen, in 1 cm dicken Scheiben
1/2 Tasse süße Kokosflocken

1. Die Tiefkühlung auf die tiefste Temperatur einstellen.

2. Portionsweise Ananas, Rum und Bananenstücke im Mixer zugedeckt auf höchster Stufe pürieren. Zwischendurch die Creme von den Wänden streichen.

3. Die Kokosflocken hinzufügen. Nochmals gut durchmixen.

4. Die Eiskrem in eine quadratische Auflaufform füllen und gefrieren. Zwischendurch immer wieder aus der Tiefkühlung herausnehmen und durchrühren, um die Eiskristalle zu zerkleinern. Aus der Masse Eiskugeln abstechen und entweder pur oder mit Bananenscheiben und Schokoladensauce anrichten.

Ergibt 6 Portionen

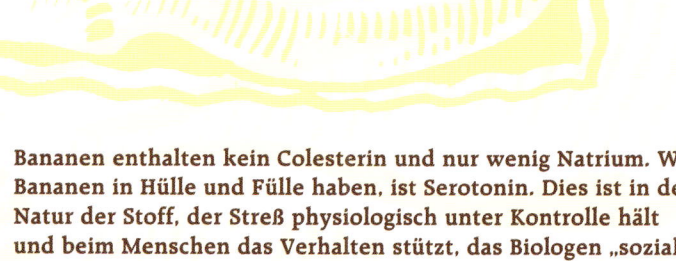

Bananen enthalten kein Colesterin und nur wenig Natrium. Was Bananen in Hülle und Fülle haben, ist Serotonin. Dies ist in der Natur der Stoff, der Streß physiologisch unter Kontrolle hält und beim Menschen das Verhalten stützt, das Biologen „soziale Intelligenz" nennen.

Bananen-Joghurteis

Die Zubereitung von Joghurteis ist ganz einfach.
Probieren Sie verschiedene Marmeladen als Geschmacks-
varianten.

1 Glas Erdbeermarmelade
1/2 Tasse erhitzter Orangen-
saft
3 große reife Bananen,
in Stücken
3 Tassen Vollmilchjoghurt

1. Die Tiefkühlung auf die
tiefste Temperatur einstellen.

2. Die Marmelade und den
heißen Orangensaft im
Mixer zugedeckt auf höch-
ster Stufe 30 Sekunden
pürieren.

3. Die Bananenstücke und
dann den Joghurt zufügen.
Solange mixen, bis die
Creme geschmeidig ist.

4. Die Joghurtcreme zum
Gefrieren in einen Metall-
behälter geben. Immer wieder durchrühren, bevor die
Creme ganz gefriert. Aus der
Masse Eiskugeln abstechen
und pur oder mit frischen
oder gefrorenen, aufgetau-
ten Früchten nach Belieben
anrichten.

Ergibt 6 bis 8 Portionen

Gefrorene Bananen „Fandango"

Das ist die tropische Variante unseres Eisbox-Kuchens, der Bananentango.

1/2 Tasse Orangensaft
16 Marshmallows
1 Becher Vanillejoghurt
4 große reife Bananen, in Stücken
30 Graham Cracker

1. Orangensaft und Marshmallows in den Mixer geben und auf höchster Stufe pürieren. Zwischendurch die Masse an den Wänden nach unten streichen. Joghurt und Bananen hinzufügen und nochmals 30 Sekunden mixen, bis eine geschmeidige Masse entstanden ist.

2. Schichtweise die Graham Cracker und die Bananenmischung in eine rechteckige Auflaufform geben, mit den Crackern enden.

3. In der Tiefkühlung fest werden lassen und in rechteckige Stücke teilen.

Ergibt 15 Portionen

Thomas Kitzinger, Freiburger Realienmaler, legt in seinem Bild „Zwölf Tage im Leben einer Banane" das Protokoll einer Entwicklung vor. Von Parzival bis Oskar Matzerat mit der Blechtrommel ist in Kitzingers Banane alles drin.

Bananensorbet

Bananen und Erdbeeren bilden die Grundlage dieser klassischen Nachspeise, die vom Mutterland England aus ihren Weg zu den Westindischen Inseln fand.

1 Glas Zitronenmarmelade
1 Tasse kochendes Wasser
4 große, reife Bananen,
in Stücken
abgeriebene Schale einer
unbehandelten Zitrone
1/2 Tasse geschlagene
Sahne
2 Pfund Erdbeeren,
in Scheiben (6 zur Dekoration zurückbehalten)

1. Die Marmelade und das kochende Wasser in den Mixer geben. Zugedeckt auf höchster Stufe 30 Sekunden pürieren. Bananenstücke, Zitronenschale und Sahne hinzufügen und das Ganze geschmeidig mixen. In eine mittelgroße Schüssel füllen.

2. Etwa 2 Stunden in die Tiefkühlung stellen, zwischendurch gründlich durchrühren.

3. Das Sorbet schichtweise mit den Erdbeeren in Dessertgläser füllen und mit den Erdbeeren dekorieren. Mindestens eine Stunde kalt stellen.

Ergibt 6 Portionen

Trifle „Tropical"

**Eine englische Nachspeise
mit Tradition
und tropischem Flair.**

**1/4 Tasse Puderzucker
1 Tasse geschlagene Sahne
3 große, reife Bananen,
grob zerdrückt
1/2 Tasse Sherry
1 Paket Löffelbiskuit
1 Tasse Ananasstückchen
aus der Dose
1 Tasse gesüßte Kokos-
flocken**

1. In einer großen Schüssel
die geschlagene Sahne mit
dem Zucker mischen.

2. Die Bananen mit
dem Sherry sorgfältig darunterrühren.

3. Die Biskuits zerbröseln
und mit der Ananas
bedecken. Die Brösel gleichmäßig auf 6 Dessertgläser
verteilen.

4. Einen Teil der Bananen-
creme-Mischung darauf verteilen und die Kokosflocken
darüberstreuen. Die restliche
Bananencreme daraufgeben.
Vor dem Servieren minde-
stens 2 Stunden, am besten
über Nacht kalt stellen.

Ergibt 6 Portionen

**Antonio Henrique Amaral,
São Paulo/Brasilien.**
Der zu den bedeutendsten
Künstlern Lateinamerikas
zählende Amaral hat
während der Jahre, die sein
Land vom Militär regiert
wurde, nur Bananenbilder
gemalt. Über 300 Arbeiten
sind es geworden, dreihun-
dert Stilleben, die die
Geschichte von Unter-
drückung, Folter und gewalt-
samem Tod erzählen.

Toffee-Knusperbananen

**Dieses Rezept ist unver-
schämt gut und deshalb ab
und an, und wenn keiner
von den Weightwatchern
hinguckt, eine (Kalorien-)
Sünde wert.**

**6 mittelgroße Bananen,
zerdrückt
1/2 Tasse Zucker
1/2 TL Muskat
1 Tasse brauner Zucker
1 1/4 Tassen Mehl
1 Tasse Haferflocken
1/2 Tasse gehackte
Pecannüsse
1 Tasse Butter**

1. Den Backofen auf 200° C
vorheizen. Eine Auflaufform
einfetten.

2. In einer mittelgroßen
Schüssel die Bananen, den
Zucker und den Muskat
mischen. In die Auflaufform
füllen.

3. In einer großen Schüssel
den braunen Zucker, Mehl,
Haferflocken und Pecannüsse gut mischen. Mit dem
Knethaken die Butter darunterrühren, bis die Masse krümelig ist. Über die Bananenmasse geben.

4. 30 Minuten backen, bis
die Masse knusprig und
braun wird.

5. Noch warm mit Schlag-
sahne oder Eiskrem servieren.

Ergibt 6 Portionen

Robert C. Rore,
Münchner Früchtel-
maler mit feinem
Gespür für Struktu-
ren, Oberflächen und
Lichteinfälle, hat sei-
nen Leuten diesmal
zu Weihnachten eine
angeschneite Karte
geschickt: Gingle-
bananas.
Schließlich muß man
sich ja nicht immer
unter einem Mistel-
zweig küssen.
Bananen tun's auch.
Das ganze Jahr über.

Bananen in Rotwein

Diese raffinierte Geschmackskombination ist der perfekte Abschluß eines eleganten Abendessens.

1 Tasse Rotwein
1 Tasse Orangensaft
abgeriebene Schale einer
unbehandelten Orange
1 Zimtstange
1 TL Piment
3 EL Puderzucker
4 kleine, ganze Bananen
1/2 l Orangeneis

1. In einem großen Topf alle Zutaten außer den Bananen und dem Eis mischen.

2. Bei mittlerer Hitze zum Kochen bringen, dann die Hitze reduzieren und etwa 5 Minuten köcheln lassen. Die Bananen hinzufügen und darin in weiteren 5 Minuten weich dünsten.

3. Die Bananen vorsichtig herausnehmen und die Flüssigkeit auf die Hälfte einkochen. Die Bananen wieder in die Flüssigkeit geben und mindestens 1 Stunde kalt stellen.

4. Mit dem Orangeneis servieren.

Ergibt 4 Portionen

Bananencrisps „Jamaica"

Ingwerwaffeln verleihen den Bananencrisps das herrlich tropische Aroma.

6 mittelgroße Bananen, in Scheiben
1/3 Tasse Zucker
1/2 TL gemahlener Ingwer
1/2 Tasse Ananassaft
16 Ingwerwaffeln, zerbröselt
1/4 Tasse weiche Butter
1/2 Tasse gemahlene oder geraspelte Kokosflocken
2 EL brauner Zucker

1. Den Backofen auf 200° C vorheizen. Eine flache Auflaufform einfetten.

2. In einer mittelgroßen Schüssel Bananen in einer Mischung aus Zucker und Ingwer wälzen und in die Form schichten. Den Ananassaft hinzugießen.

3. In einer mittelgroßen Schüssel die Ingwerwaffelbrösel, Butter, Kokosflocken und den braunen Zucker mit einer Gabel gut verrühren. Das Ganze über die Bananen verteilen.

4. Die Bananen 25 bis 30 Minuten backen, bis die Oberfläche braun und knusprig wird. Aus dem Backofen nehmen und sofort servieren.

Ergibt 6 Portionen

Rumsauce

Die Bananencrisps schmecken besonders gut mit dieser Rumsauce:

In einer kleinen Schüssel mit dem elektrischen Handrührer Sahne und 1/4 Tasse Butter mixen. Nach und nach Puderzucker und 1 Teelöffel braunen Rum hinzufügen und alles sorgfältig mischen.

Karamelbananen „Kahlúa"

Einfach köstlich!

1/3 Tasse Butter
1/3 Tasse brauner Zucker
3 Bananen, in 1 cm dicken Scheiben
1/4 Tasse Kahlúa Likör
1/2 Tasse Pecannüsse, geröstet
1/2 l Kaffee- oder Schokoladeneiskrem

1. In einem großen Topf oder in einer tiefen Pfanne die Butter und den Zucker zusammen erhitzen, bis der Zucker sich auflöst. Bei mäßiger Temperatur den Zucker karamelisieren lassen.

2. Die Bananen hinzufügen. Immer wieder vorsichtig umrühren, bis sie erwärmt sind. Den Likör und die Pecannüsse hinzufügen.

3. Die Karamelbananen heiß auf Eiskrem anrichten.

Ergibt 4 Portionen

Michael Berger, „Harlekin" und Sammler aus Wiesbaden, haben wir es zu verdanken, daß wir die Griffigkeit der Banane am Bananen-Korkenzieher beweisen können, die Leitfähigkeit der Banane am Bananenstecker und ihre Geschmackstreue, selbst unter härtesten Bedingungen, am Bananenkondom. Danke, Michael.

Bananen à la „Foster"

Dieses Gericht entstand in Brennan`s Restaurant in New Orleans in den 50er Jahren und wurde nach einem gewissen Mister Richard Foster, einem Stammgast des legendären Lokals, benannt.

2 EL Zitronensaft
4 kleine Bananen, längs und
 quer halbiert
1/2 Tasse brauner Zucker
4 EL Butter
1/2 TL Zimt
2 EL brauner Rum
2 EL Brandy oder Cognac
2 EL Bananenlikör
1/2 l Vanille- oder Kaffeeis

1. Den Zitronensaft über die Bananen träufeln.

2. In einem großen Topf den Zucker und die Butter bei mittlerer Temperatur erhitzen, bis der Zucker geschmolzen ist und Blasen wirft.

3. Die Bananen hinzufügen und mit Zimt bestreuen. Ein oder zwei Minuten vorsichtig darin glasieren.

4. Den Rum, Brandy und Likör hinzufügen und das Ganze eine weitere Minute köcheln. Anzünden und mit einem langen Löffel die brennende Flüssigkeit über die Bananen geben, bis die Flamme ausgeht.

5. Heiß auf Eiskrem servieren.

Ergibt 4 Portionen

Banana Tropic-Drink

Mit diesem wunderbaren Longdrink wäre die Geschichte mit Mister Winterbottom bestimmt anders gelaufen. Skål, Miss Sophie.

2 EL gestoßenes Eis
1/2 Banane
1 cl Grenadinesirup
6 cl Milch (3,5% Fett)
2 cl süße Sahne

1. Alle Zutaten zusammen in einen Elektromixer geben, etwa 15 Sekunden laufen lassen. In ein Longdrinkglas abgießen.

2. Ein Stück Banane, eine Kirsche und eine Karambolascheibe auf ein Spießchen stecken und über das Glas legen.

Schokoladen-Fondue mit Banane

1/8 l süße Sahne
200 g Vollmilchkuvertüre
50 g Mandelblättchen
6 mittelgroße Bananen
2 Orangen
300 g kernlose Weintrauben
250 g Erdbeeren

1. Die Kuvertüre in kleine Stücke teilen und in der erhitzten Sahne schmelzen, die Mandelblättchen unterrühren.

2. Die Masse in einen feuerfesten Topf umfüllen und auf einem Tisch-Rechaud warmhalten.

3. Die Bananen schälen, in ca. 4 cm große Stücke schneiden. Eine der Orangen auspressen und mit dem Saft die Bananenstücke beträufeln.

4. Die restlichen Orangen dick abschälen, in 1 cm dicke Scheiben schneiden und vierteln. Die Weintrauben mit warmem Wasser abbrausen.

5. Alle Zutaten in Schalen bereitstellen, abwechselnd auf Spieße stecken und in die Schokolade tauchen.

Variation:
250 g Sahne-Karamelbonbons mit 100 g Schokolade im Wasserbad schmelzen, mit 4 EL Sahne und 50 g gehackten Haselnüssen.

Ergibt 4 Portionen

Kinder und Bananen: eine unschlagbare Kombination. Und wenn über die Bananenkinder noch ordentlich Schokolade drüberkommt, dann ist das wie die Heilige Dreifaltigkeit. Kinder, Bananen und Schokolade.

Dschungel S'Mores

Bananen und Erdnußbutter variieren dieses altbekannte Gericht. Es schmeckt so bananig, daß es auch Erwachsene lieben.

8 Butterkekse
1/4 Tasse Erdnußbutter
4 kleine reife Bananen, längs und quer halbiert
4 Riegel Hershey oder Zartbitter-Schokolade* (40 g), halbiert
8 Marshmallows

1. Die Kekse mit Erdnußbutter bestreichen und halbieren.

2. Zwei Bananenstücke auf jede Kekshälfte legen. Mit einem halben Schokoriegel belegen.

3. Über einem offenen Feuer, unter dem Grill oder über einem Teelicht die Marshmallows goldbraun werden lassen.

4. Die Marshmallows auf die Schokolade setzen und mit der anderen Kekshälfte bedecken, leicht zusammendrücken.

Ergibt 8 Portionen

* Sie können statt der Zartbitterschokolade auch Nougat nehmen.

Bananen-Bonbons

Hier muß nichts gebacken werden und die Zubereitung ist im wahrsten Sinne kinderleicht!

2 Tassen fein zerbröckelte Vanillekekse
1/2 Tasse fein geriebene Erdnüsse
1/4 Tasse süße Kokosflocken
1 reife Banane, zerdrückt
1/4 Tasse Puderzucker
1 TL Kakaopulver

1. In einer mittelgroßen Schüssel die Keksbrösel, Erdnüsse, Kokosflocken und Banane mit einer Gabel gut mischen. Aus der Masse Bällchen (Durchmesser 3 cm) formen.

2. In einer flachen Schüssel Puderzucker und Kakaopuder mischen. Die Bällchen darin wälzen, bis sie vollständig bedeckt sind.

3. Luftdicht aufbewahren und gut verstecken!

Ergibt etwa 3 Dutzend Bonbons

Bananen-Schönheits-Maske: Eine sehr reife, zerdrückte Banane mit 2 Teelöffel Olivenöl mischen. Auf das Gesicht auftragen und 15 Minuten einwirken lassen, dann mit klarem Wasser abspülen und abtrocknen. Danach sehen Sie aus wie frisch aus der Autowaschanlage.

Süße Geburtstags-kerze

Vielleicht erinnern Sie sich noch an dieses Rezept aus Ihrer Kindheit. Bei Kindern ist es heute noch ungemein beliebt. Besonders das Aus-blasen unserer Kerze.

2 große Bananen, halbiert
240 g Ananasscheiben aus der Dose, abgetropft
2 Maraschino-Kirschen
16 Erdbeeren
Eissalat

1. Auf einer Platte eine Scheibe Ananas auf einem Bett aus Eisbergsalat arran-gieren.
2. Eine halbe Banane als „Kerze" in die Mitte plazie-ren. Eine Kirsche als „Flam-me" dekorieren. Die Ananasscheibe mit 4 Erdbee-ren umlegen.

Ergibt 4 Portionen

Bananen-Nuß-Mayonnaise

Um diesen extravaganten Salat noch perfekter zu aro-matisieren, gibt es eine Bananen-Nuß-Mayonnaise dazu. 1/2 Tasse Mayonnaise, 2 Eßlöffel Ananassaft, 1 Eßlöffel Erdnußbutter und 1/2 reife Banane, zerdrückt, sorgfältig mischen. Das Gre-nadine-Dressing von S. 58 paßt ebenfalls sehr gut zu diesem Salat.

Nach dem letzten Weltkrieg war die Abwesenheit von vielem die Norm. Die Städte waren weg, es fehlten 25 Millionen Menschen, das Wort Alltag hatte lange keinen Inhalt mehr und das Wenige, das es gab, war kostbar. In seinem Buch „Die Deutschen" zeigt der Fotograf René Burvi einen Berliner Bananenverkäufer, der seine Bananen an-bietet wie wertvolle Unikate auf einer Sotheby-Auktion.

Bananenschiff-salat

Die Leibspeise eines jeden Voll- und Halbvollmatrosen! Ein Bananenboot, das auf einem Eisbergmeer dahinsegelt. Das Grenadine-Dressing von Seite 58 gibt es sozusagen als Taifun dazu. Ahoi!

4 große Bananen, längs halbiert (und noch mal längs und quer halbiert)
ca. 500 g Fruchtcocktail aus der Dose, abgetropft
2 Tassen Hüttenkäse
Eisbergsalat

Auf jeden der vier Teller
1. ein „Meer" aus Eisbergsalatblättern legen,

2. eine Bananenhälfte auf die" Meeresoberfläche" als Schiffsrumpf dekorieren, ein längliches Bananenstück als „Mast", die 2 kürzeren als „Segelstangen" legen.

3. Das „Segel" mit abgetropften Früchten ausfüllen.

4. 1/2 Tasse Hüttenkäse mit dem Löffel auf den Salat tupfen.

Ergibt 4 Portionen

Bananen-Früchte-Eis am Stiel

Ein vollwertiges und kalorienarmes Rezept – eine perfekte Kombination.

4 kleine, reife Bananen, in Stücken
1 1/4 Tassen Fruchtsaft (Orangen-, Ananas-, Preiselbeer-, Aprikosen- oder Traubensaft)
8 Holzstiele

1. Bananen und beliebigen Fruchtsaft in den Mixer geben, auf höchster Stufe pürieren, bis die Masse geschmeidig wird.

2. Die Mischung ungefähr gleichmäßig auf 4 Papier- oder Plastikbecher verteilen.

3. In die Tiefkühlung geben und sobald die Mischung angefroren ist, einen Holzstiel in die Mitte stecken. Fest gefrieren lassen. Vor dem Servieren etwa 5 Minuten bei Zimmertemperatur antauen lassen.

Ergibt 6 bis 8 Portionen

Der Pro-Kopf-Verbrauch von Bananen in den USA beträgt über 26 Pfund pro Jahr. Das sind mehr als 11,5 Billionen Bananen oder 78 Stück pro Mann, Frau und Kind. Und wenn die Amerikaner meinen, dies sei etwas Besonderes, dann sollten sie sich die deutschen Zahlen anschauen: 25 Kilogramm pro Kopf, jawoll.

Blitzschnelle Bananen-Muffins

Kein Einfrieren, aber welch ein köstliches Ergebnis!

ca. 180 g Quark, zimmerwarm
1 1/3 Tassen Zucker, in Stücken
1 Ei
180 g Schokoladenchips (halbbitter)
3 große reife Bananen, 2 in Stücken, 1 in Scheiben
1/3 Tasse Pflanzenöl
1 TL Vanillezucker
1 1/2 Tasse Mehl
1/4 Tasse Kakaopulver
1 TL Backpulver
1/2 TL Salz

1. Den Backofen auf 200° C vorheizen und 18 Muffin-Förmchen mit Backpapier auslegen.

2. In einer kleinen Schüssel den Quark und 1/3 Tasse Zucker schaumig schlagen. Das Ei darunterrühren. Die Schokoladenchips mit einem Löffel darunterheben. Beiseite stellen.

3. Die 2 Bananen, in Stücken, das Pflanzenöl und den Vanillezucker in den Mixer geben und das Ganze pürieren.

4. In einer großen Schüssel Mehl, 1 Tasse Zucker, Kakao, Backpulver und Salz mischen. Die pürierte Bananenmasse darunterheben und alles gut mit einer Gabel verrühren.

5. Die Bananenmasse auf die 18 Förmchen verteilen und jedes mit einer Bananenscheibe bedecken. Alle mit einem Klecks Quark-Schokoladenchips-Masse bedecken.

6. Das Ganze 30 Minuten backen. Die Muffins aus dem Backofen nehmen, 10 Minuten auskühlen lassen, auf ein Kuchengitter stürzen und vollständig auskühlen lassen.

Ergibt 18 Muffins

Rezepteverzeichnis

Suppen und Salate

Herzhafte und würzige Gerichte

Kuchen und Kekse

Rezepteverzeichnis

Puddings und Schnitten

Weitere Desserts: Von gefroren bis flambiert

Was Kindern schmeckt

International Banana Club, Geschäftsstelle
2524 North El Molino Avenue
Altadena, California 91001 (818) 798-2272
Vorsitzender: Ken Bannister

Fulton-South Fulton International Banana Festival
Marcy Dement, verantwortliche Sekretärin
P.O.Box
Fulton, Kentucky 42041 (502) 472-2975

Rare Fruit Council International
P.O. BOX 561914
Miami, Florida 33256 (305) 238-2809
Als eine Abteilung des Museum of Science in Miami ist das
Rare Fruit Council die wichtigste Informationsquelle, wenn
es um seltene tropische Früchte geht. Die Mitgliedschaft
steht jedem offen, der sich für seltene Früchte interessiert
und schließt die Zeitung „Tropical Fruit News" ein. Es werden zahlreiche Aktiviäten angeboten, von Feldbegehungen
und Früchteverkostungen bis zu Samen- und Pflanztausch-
börsen sowie das Tropical Fruit Cookbook.

The Banana Tree, Inc.
715 Northampton Street
Easton, Pennsylvannia 18042 (215) 253-9589
Falls Sie selbst Früchte anbauen wollen, diese Gesellschaft
bietet 23 Arten von Bananenpflanzen per Versand an.
Katalog ist erhältlich.

W.O. Lessard Nursery
19201 S.W. 248th Street
Homestead, Florida 33031 (305) 247-0397
Bietet 51 verschiedene Bananenpflanzen zum Versand.
Katalog erhältlich.

Erstes Deutsches Bananen-Museum
Bernhard Stellmacher
Professor-Haas-Straße 59
Sierksdorf
Tel. (0 45 63) 83 35
Geöffnet, nach telefonischer Anmeldung/Preis: 1 Banane

„The Banana Empire"
Wulf Goebel
Ostparkstraße 10
60385 Frankfurt
Tel. (069) 43 95 32

Del Monte
QUALITY

lets get fresh!

INTER

GERMANY: Internationale Fruchtimport Gesellschaft Weichert & Co. · Fruchthof · D-20097 Hamburg · Tel.: +49 (040) 33 12 41 · Fax: +49 (040) 33 60 83
THE NETHERLANDS: Internationale Fruchtimport Gesellschaft Weichert & Co. B.V. · Marconistraat 3-11 · NL-3029 AE Rotterdam · Tel.: +31 (010) 476 54 88 · Fax: +31 (010) 425 86 83
BELGIUM: Internationale Fruchtimport Gesellschaft Weichert & Co. B.V.B.A. · Albertdok 190 · B-2030 Antwerpen · Tel.: +32 (03) 541 18 83 · Fax: +32 (03) 542 59 99